第三帝国

噩梦沉沦

美国时代生活编辑部 / 编

戴　茵 / 译

修订本

海南出版社

· 海口 ·

目　录

致读者

首先应当承认，本书的策划并非出自我本人的想法。

事实上，当一小批时代生活图书公司的编辑和作者开始极力主张推出这样一个系列的时候，我的第一反应是："有关第三帝国的话题难道还能有什么新意吗？"

可是，当前往柏林、华盛顿和莫斯科的采访人员逐步发回他们的稿件——私人珍藏的回忆录和相册堆满了我的办公桌——目击者的记录和官方秘藏的文件被一一发掘出来之后，我觉得我的疑问已经找到了最好的答案。

我们正在接近一项重大的成果：对纳粹统治下的德国的一个全新的认识——从第三帝国的内部来解剖它。

本系列共有 21 本。每一本都向您展示了第一手的私人记录、从未发表过的照片、亲历者的回忆录和新解密的官方档案。它们恰如一幅徐徐展开的巨型画卷，将您带回那腥风血雨的黑暗时代，让您仿佛置身于喧嚣狂热的柏林、遍地瓦砾的华沙、燃烧的斯大林格勒、沙尘滚滚的北非，恍如走进了令人不寒而栗的集中营、党卫队的秘密会议室、希特勒的办公室、他的书房和卧室，甚至把握到他的思想动态。每一本都有一个中心主题，整个系列连起来则构成了迄今为止最完整、最细致的"第三帝国史"。

这就是我们所做的工作，让真实的历史说话。

时代生活编辑部主编乔·沃尔

1944年秋，阿道夫·希特勒视察一前线空军基地时，德国纳粹空军的地勤人员向忧心忡忡的希特勒敬礼。这是希特勒最后几次外出视察。走在希特勒身旁的是他忠实的飞行员汉斯·鲍尔，他于1932年大选时期开始为野心勃勃的元首驾机飞行。正是这场竞选风暴使希特勒及纳粹党名扬全国。

1. 孤注一掷搏西线

1944 年 8 月底，陆军元帅冯·克卢格的信终于摆到了阿道夫·希特勒的书桌上。"当您收到我这几行字时，我已不在人世。"这位最近被革职的西线战区总司令这样写道。自 1939 年入侵波兰以来，他一直是希特勒的高级将领之一。"生命于我已是无足轻重。将西线的厄运归结于我措施不当，我担不起这罪名。我要在伙伴们殒命之地结束自己的生命。"

在信中，克卢格大致说明了他没能阻止盟军进入法国的原因，对他的后任能否胜他一筹也表示怀疑，然后他发出了痛心疾首的恳求："如果您寄予厚望的新型武器，尤其是空军的那些武器，不能迎来胜机，那么，我的元首，下决心停战吧。德国人民已经苦不堪言，是时候了结这场噩梦了。这一目的我们一定有办法达到，更要紧的是，我们也一定有办法保护第三帝国不受……践踏。对于您的非凡气概，您在这场巨大斗争中的杰出贡献，和您钢铁般的意志，我始终无比敬畏。如果您的意志和天才还拼不过命运，那便是天意难违。您已经进行了光荣、卓绝的斗争。历史将证明您的正确。请您拿出您的非凡气概来，因为如果战斗前景无望，到了该结束的时候，您的非凡气概将是必不可少的。"

纳粹空军的一个步兵为德国第 116 装甲师一辆半履带式装甲车上的军人指路，装甲车用松树枝伪装了起来。这是 1944 年 12 月，德军发起的阿登森林突袭战期间。这场为时 6 周的战役为第三帝国赢得了短暂的喘息之机，但它耗掉的人员和财物却是无法弥补的。

元首一言不发看完了信，然后递给他忠实的助手、武装部队最高统帅部作战指挥部部长阿尔弗莱德·约德尔将军。希特勒突然取消了他安排好的国葬。而且原来他打算称克卢格死于脑溢血，现在他让人暗中传言，说那位颜面扫地的陆军元帅其实是吞氰化钾而死，连表面文章也不做了。

几天后，在齐格菲·韦斯特法尔将军和汉斯·克雷布斯将军奔赴节节败退的西线前夕，希特勒召见了他们。希特勒透露说，克卢格已经在受叛国罪的调查，"如果他不是自寻死路，也可能被马上被捕"。"我可不想泄露这个消息，"他假惺惺地告诉他们，因为这"会令军队颜面无存"。

一个月前，也就是 7 月 20 日，元首在东普鲁士的东线战区大本营里举行了一次军事会议，就在这次会议上发生了一起刺杀元首未遂的事件。几位军官卷入了其中，而希特勒扬言他有证据表明克卢格与那些人有牵连。（其实，确有几个密谋者是克卢格东线战区的人员，不过克卢格本人从未积极参与这桩密谋。）元首决意不让他的将军们再次出卖他。

希特勒之所以如此无端猜测，是因为克卢格曾试图与英美谈判停战。他向两位将军表明立场，他决不考虑停战谈判。"军事上败绩连连，"他解释说，"在这个时候还寻求有利的政治行动时机，真是相当幼稚天真。尽管事已至此，然而盟军内部的矛盾一定会越来越严重，

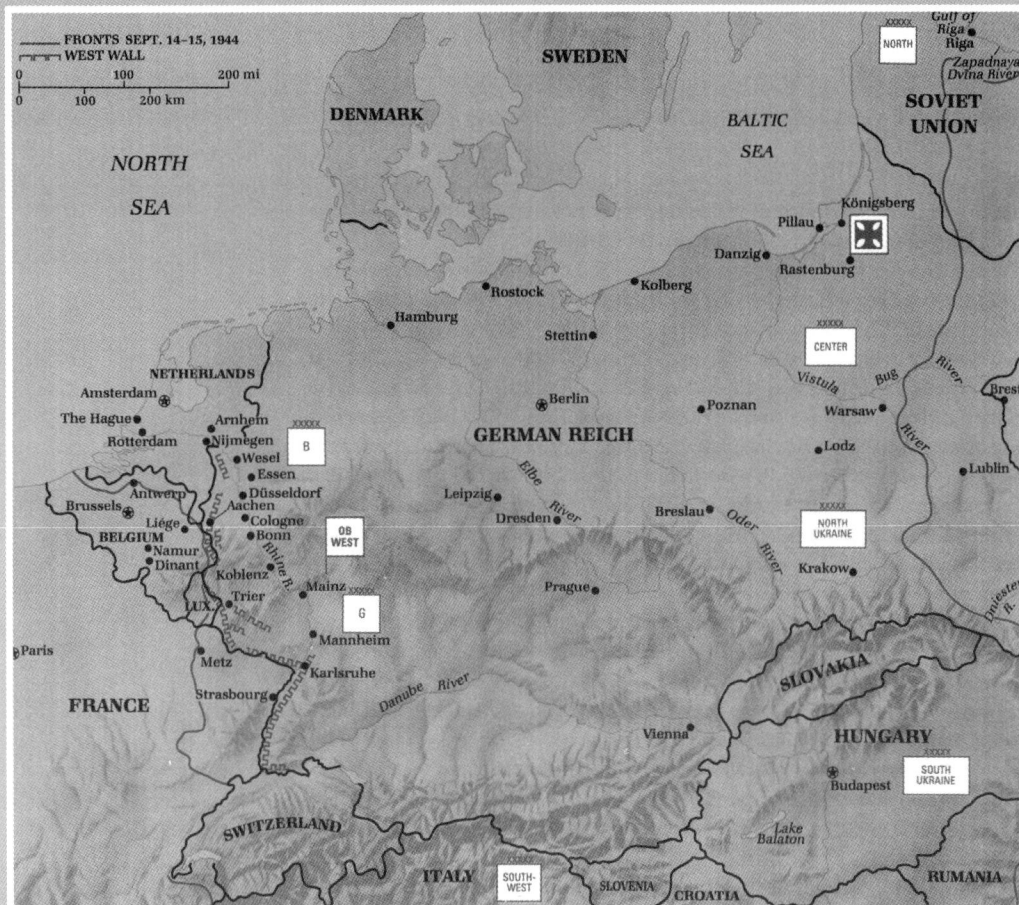

一个七零八落的帝国

　　1944年夏季，德军遭受了一系列毁灭性打击，被迫从东西两线战区往德国边境回撤。在白俄罗斯的中央集团军群遭到红军痛击后，东线的德军渡过维斯杜拉河，退入波兰中部，竭力重振雄风。而这时驻波罗的海地区的德军又丢掉了里加，被赶到库兰半岛上。8月间，俄军在巴尔干地区发动了一次新攻势，夺下罗马尼亚，占领了普罗耶什蒂的油田，并且将战场推向保加利亚、南斯拉夫和匈牙利。英美联军成功登陆诺曼底后，便可以迅速前进。他们于8月25日解放了巴黎，然后开进比利时和荷兰。9月4日，英军攻下安特卫普；8天后，8月间在法国地中海沿岸登陆的法美联军与盟国的其他部队在第戎北部会师。9月中旬，盟军抵达齐格菲防线，这是希特勒战前布置的边界堡垒，德军最终在这儿将他们的防线稳固了下来。

最后闹到分崩离析的地步。历史告诉我们，天下无不散的联盟，只是你必须等待时机，不管这种等待有多么艰难。我打算继续打下去，伺机达成体面的和约。无论如何，我们都将把这场战斗坚持下去，直到有一天，如腓特烈大帝所言，'吾之贱敌绝望而去'！"

希特勒选来拯救西线战区的人——陆军元帅瓦尔特·莫德尔——在这场横扫军官层的怀疑风潮中纤毫未损。这位 54 岁的司令官爱架着一只单片眼镜，这是他的标志之一，喜欢自称为"元首的救火员"——这可是言之有据的。在过去 9 个月与苏联的战争中，希特勒撤掉 3 个不同集团军的指挥官后，均命他来暂时负责。每次莫德尔都能让德军前线重整旗鼓，希特勒因而称他为东线战区的"救星"——尽管莫德尔在施展其防御绝技时也时常将希特勒严禁后撤的命令抛之脑后。1942年 1 月间，当莫德尔的第 9 集团军在勒热夫面临被苏军切断后路的危险时，他竟敢当面反驳希特勒，质问他："谁在统率第 9 集团军，我的元首，是你还是我？"不过，7 月的刺杀未遂事件发生后，他却是最先表明忠心的将军之一。8 月 17 日，莫德尔正在柏林接受大名鼎鼎的钻石别针(用来别他的铁十字勋章)，这时元首急急忙忙命他去代替倒霉的克卢格。

克卢格的西线战区司令部位于拉罗什吉永。就在莫德尔到达司令部的那晚，他面临了一生中最大的挑战。

德国驻法的两支集团军群全都危机四伏。两天前，盟军
在法国南部实施了计划已久的第二次登陆行动，而被派
去镇守法国地中海沿岸全线的是约翰尼斯·布拉斯科维
茨将军的 G 集团军群，这支部队相形见绌，不可能完
成这项任务，结果全部沿瑞士边境北撤。

　　B 集团军群更是危在旦夕。自 7 月陆军元帅埃尔
温·隆美尔被英军的炮弹击伤后，他们已是群龙无首，
其第 7 和第 15 装甲集团军在诺曼底中了埋伏，被盟军
围堵在法莱斯。尽管 B 集团军群旗下的另一支部队，
第 15 集团军还完好无损，它却也陷在大西洋防线的堡
垒里，面对英吉利海峡的海岸线动弹不得。头年春天，
希特勒特意将第 15 集团军部署在加莱海峡沿线，作为
纳粹德军的第一道防御力量。他一心认定盟军在那儿首
次登陆。如今第 15 集团军却陷入了后无退路、背部受
敌的困境。莫德尔除了战区事务外，也同前任克卢格一
样，直接统领支离破碎的 B 集团军群。

　　尽管德国人在法国和低地国家已待了 4 年有余，但
希特勒一直不同意修筑内部的防御系统。如果大西洋防
线未能挡住外敌，内部的防御系统便可以发挥作用。德
国武装部队最高统帅部从不曾计划沿索姆河、马恩河和
索恩河修筑一条横穿法国的防御工事带。所以，当莫德
尔将第 5 坦克集团军和第 7 集团军残部从法莱斯包围圈
里拯救出来，领他们掉头跨过塞纳河时，德国人只能马
不停蹄地直奔沿默兹河和比利时及荷兰境内的莱茵河支

流设置的防御阵地。与此同时，第15集团军也沿海岸线撤至北欧另一个主要水上屏障——斯海尔德河。而这时，南面的G集团军群则朝阿尔萨斯附近的孚日山脉退去。

自从诺曼底登陆以来，德国的西线战区已经阵亡了30万人，另外20万人被堵在盟军前线后孤立的海岸要塞里，动弹不得。莫德尔估计，他那稀稀拉拉散布在北海至瑞士边界480英里长的战线上的74个师，整个兵力至多不过相当于25个标准师。整个战区可动用的坦克不到100辆。

然而，希特勒仍然发誓要扭转败局，叫嚣着要给盟军来一个"敦刻尔克"，再次把他们赶出欧洲大陆。他打算在齐格菲防线阻住盟军进攻的步伐，等待冬季的到来。齐格菲防线建于1938年，是一组保护德国西线边境的堡垒。"浓雾、黑夜和大雪，"他说，会提供一个"伟大的契机"。

这时，盟军却在乘胜追击。到8月底时，已有30个师或是跨过塞纳河，或是驻扎河旁。蒙哥马利将军的第21集团军群，其中包括加拿大第1集团军和英国第2集团军，已经抵达法国北部的索姆河，准备进军比利时。南部是布莱德雷中将统率的美国第20集团军群。它的美国第1集团军部署在瓦兹河和默兹河之间，意欲取道蒙斯和那慕尔直抵亚琛，这是进入德国西部的传统门户。而其美国第3集团军正在上默兹河，目标是梅斯和南锡。

再往南是德弗斯中将的第6集团军群，这是一支包括美国第7集团军和法国第1集团军的法美联军，他们在孚日山脉南段的前方摆开阵式，准备进军阿尔萨斯。

到1945年春天为止，盟军所抵达的位置是他们事先从未指望过的，而此时他们对于如何利用意料之外的胜利却拿不定主意。尽管盟军总司令德怀特·艾森豪威尔将军非常乐观，认为他能迅速结束战争，然而他也面临一个艰难的战略选择——是照先前的D日计划安排，继续拉开战线大规模进攻，还是听从蒙哥马利眼下的竭力鼓动，让第21集团军群孤军突入比利时和荷兰，横渡莱茵河，包围德国的重要工业区鲁尔。

艾森豪威尔面临的拦路之虎是如何为不断前进的部队补充给养，因为此时盟军能使用的港口只有一个——诺曼底的瑟堡，它在前线的350英里之后。除非夺下安特卫普港，并将之投入使用，否则给养短缺，特别是燃料短缺，会使盟军无法全线进攻。如果实施蒙哥马利的计划，那么供给前线的大部分物资就要输送给他。

对于怎样才是结束战争的最佳方式，英美双方决策者在用兵上本来就各有主张。不但如此，自诺曼底登陆以来，蒙哥马利，这位英国将军，已成为盟军所有地面部队的总指挥，这让事态显得更为复杂。英美联盟内部言及总体战略时，必然牵扯到个人与政治。1944年夏天时的作战人数就足以说明问题：美军士兵与英军士兵的人数之比为3∶1。美国公众如果得知这一情况，是绝不会允许目前这种指挥结构持续下去的。此外，美军许多高级将领还相信，蒙哥马利之所以会提出那种战略观点是因为他目中无人、自高自大，他无非是想让布莱德雷中将处于从属的地位，将巴顿中将麾下一马当先、行军神速的美国第 3 集团军的燃料补给切断。罗斯福政府和美军参谋长乔治·马歇尔将军要求由美国人来担任战场总司令。在这种压力下，艾森豪威尔决定自告奋勇，从 1944 年 9 月 1 日开始走马上任。

这个时候，蒙哥马利向德国人发起了强攻，其势头之猛，希特勒也好，莫德尔也好，都为之震惊。英国第 21 集团军群下属的各集团军从索姆河往前飞驰 75 英里，9 月 3 日夺下了比利时首都布鲁塞尔。第二天，镇守安特卫普的德军弃城而去。他们只顾仓皇北撤，没能破坏掉船坞和电动闸门，留下的港口设备基本完好无损。

然而，盟军却没能从这港口得到什么好处。尽管蒙哥马利开进比利时，将古斯塔夫·冯·灿根将军的第 15 集团军困在安特卫普西边一块濒海孤地上，灿根的部队却也控制了西斯海尔德河的入海口。这是一条长 15 英里的航道，是该港通往大海的唯一水道。而斯海尔德河水雷密布，两岸由德国大炮把守，盟军要使用安特卫普港，就必须先清除这些障碍。

蒙哥马利迅速突入比利时，逼得德军最高统帅部向莫德尔连下急诏，严令他："死守！死守！死守！"安特卫普失守的那一天，莫德尔向希特勒报告说，如要维持斯海尔德河、艾伯特运河、默兹河和齐格菲防线沿线B 集团军群的阵地，他就要补充 25 个师的新兵，其中得有 5 ~ 6 个装甲师的装甲部队。要不然，莫德尔警告说，"由西北进入德国的大门将会被打开"。

这个要求无法办到。唯一的备战新军已于 8 月被派往勃拉斯科维茨将军的 G 集团军群，去帮他抵挡朝法国东部的上摩泽尔河攻来的巴顿的美国第 3 集团军。

德国的人力资源已是油尽灯枯。党卫队首脑、德国预备军新任司令海因里希·希姆莱，新招募了 40 个国民掷弹兵师。其成员大部分来自希特勒青年团和其他一些纳粹组织，这些人可真谈不上有多少战斗准备。再说，军方所征的士兵，老的有 50 岁了，职员、司机、厨师和其他预备军成员都被送上了前线，就连因飞机、轮船缺乏燃料而闲置下来的纳粹空军飞行员和海军水兵也被编入了队列中。德国人甚至连在军医院里休养的伤员也不放过，他们都被拉出医院编入队伍中。

所以希特勒可说是山穷水尽了，就在这时赫尔曼·戈林元帅伸出了援手。这位纳粹空军总司令手下有 2 万伞兵，其中一部分正在受训，另一部分还在进行战斗休养。戈林将他们与驻荷兰的部队以及另外 1 万空军地勤人员合编，为以后的第 1 伞兵集团军提供了充足的人员。希特勒选择了库尔特·施图登特将军来领导这支新军。他是参加 1940 年鹿特丹空袭战和 1941 年空降克里特岛战役的沙场老兵。奉希特勒之命，施图登特率领他的部队向比利时进发，沿艾伯特运河摆开阵式。

盟军迅速逼近，逼得莫德尔几乎要一日一迁其司令部，以免落入盟军手中。由于不停地搬迁，他与 G 集团军群联络稀疏，整日只顾调动 B 集团军群。莫德尔一味要求增援，他喋喋不休、出言不逊，又无人替他美言周旋，结果弄得他在最高统帅部里众叛亲离。仅仅两周时间，他这西线战区的总司令就号令不力了。

9 月 5 日，希特勒用陆军元帅冯·伦德施泰特取代了莫德尔，伦德施泰特是克卢格之前的西线战区总司令，是参加 1940 年法兰西之战和 1941 年苏联入侵战的老兵。在士气日下的军官层中，这个深受信任的正统普鲁士军

一名德国士兵爬进笼门。这是安特卫普动物园的一只狮子笼，里面关着的是和他一样的战俘，其中还有一个纳粹海军的水兵（穿黑制服者）。盟军于 1944 年 9 月 4 日攻下安特卫普后，就将动物园改成了拘留战俘和比利时通德分子的牢笼。

官一向被视为坚强后盾。就连莫德尔本人也赞同对伦德施泰特的任命，因为这位斗志昂扬的将军从此便可以把自己的大部分精力放在重整 B 集团军群上。

　　莫德尔没有危言耸听，盟军真的迅速越过艾伯特运河和默兹河，建立了桥头堡，从四面八方往齐格菲防线逼去。伦德施泰特刚刚在他位于科布伦茨附近的泽根堡司令部就任，就向希特勒报告说，要将齐格菲防线的防御工事大致修复，需 6 周时间。那 3000 个混凝土掩体和碉堡组成的防御带，就筑在德国边界，西北接荷兰，西南至瑞士边境，1940 年时曾经翻修改造过。然而荒废 4 年后，这条防线已是灌木横生。许多带刺铁丝网、地雷和通信设备都被拆下，拿去修建大西洋壁垒，筑城工事荒废太久，连它的看管人都很难找到进入炮台掩体的钥匙。

　　9 月 8 日，美国人攻克了比利时东部的列日城。他们这时可以随心所欲地活动了，因此便开始朝亚琛附近齐格菲防线的外围地带发起试探性攻击。开战以来，地面战第一次打到了德国的家门口。随后，希特勒指示伦德斯泰特：“不单是筑城工事，每一寸土地都要以堡垒视之。”

　　德军从法国后撤，经过一番长途跋涉，突然间又奇迹般地稳住了脚跟。莫德尔充分利用后方供给线，沿齐格菲防线修筑了一条长长的新防守工事带，而备受崇敬的冯·曼陀菲尔将军自东线战区归来，更使士气大振。

1944 年夏末，为使齐格菲防线重获新生，国家劳动服役队招募的工人在荷兰边境附近挖凿一条防坦克沟。这条荒废已久的工事带，用一位德国将军的话来说，真是际遇"堪怜"哪。

曼陀菲尔指挥的第 5 坦克集团军，如今归属勃拉斯科维茨的 G 集团军群旗下。他马上着手计划向法国东部的巴顿发起反攻。

对于盟军来说，9 月的第二周标志着战略上的一个重要转折。德国利用强行征用的劳动力，疯狂地加固齐格菲防线，齐格菲防线很快成了一道令人生畏的障碍。不单如此，盟军的燃油和弹药供给也已消耗殆尽。在 9 月 10 日布鲁塞尔召开的一次会议上，艾森豪威尔和他的高级将领们讨论了蒙哥马利的孤军深入计划。这位一向谨慎的英国将军，最近刚被提升为陆军元帅，他这次提出的军事行动建议可真是大胆至极。他提出动用目前处于备战状态的盟军空降兵部队，深入德军防线后方，在荷兰的莱茵河一带降落。这个冒险的突袭行动一旦实

一个党卫队队员正在搜查阿纳姆以西下莱茵河地区一座荷兰庄园的空地，一旁的房子上挂着一个英国伞兵的降落伞。1944 年 9 月 17 日，市场花园行动开始，盟军大规模空降兵员，这个伞兵即为其中之一。

施，英国第 21 集团军群便可以从北端包抄齐格菲防线，将德国第 15 集团军切断在荷兰西部。如果计划成功，蒙哥马利想包围鲁尔是完全不在话下的。

艾森豪威尔批准的计划分两部分进行，代号为"市场花园行动"。市场行动计划将是一次最大规模的空降战役，是盟军第一次在白天实行空降。有大约 2 万伞降步兵将在荷兰城市艾恩德霍芬、奈梅亨和阿纳姆附近着陆。他们将在 4 天内，攻占 3 条主要河流——马斯河、瓦尔河、下莱茵河上的几座桥梁以及几条运河，然后与从 60 英里外开来实行花园行动的地面部队会合。市场行动的最重要目标是阿纳姆的下莱茵河上的公路桥，要完成这一目标就必须深入德控区之后。

花园行动将由迈尔斯·登普西将军的英国第 2 集团军第 30 军来实施。第 30 军由两个步兵师和一个坦克旅组成，他们要打通一条至阿纳姆的走廊，然后进一步至须德海。第 30 军若想取胜，盟军的空降兵就必须占领从艾恩德霍芬经奈梅亨至阿纳姆的 50 英里长双车道公路。

市场花园行动所冒风险极大，行动时必须要有连续几天适宜飞行的天气，而且不能遭遇强大的阻力。空降部队需在无法动用重型武器的条件下攻占目的地——他们成功与否完全取决于地面部队及两万车骑能否沿唯一条狭窄的公路迅速推进。

希特勒和德国最高统帅部都十分清楚，盟军尚未部署空降部队。陆军元帅莫德尔估计莱茵河以西会发生某

种行动，9 月 11 日他接到密报，称盟军在英吉利海峡
对岸的英国港口组装登陆艇。莫德尔认为他们正在准备
入侵荷兰。9 月 17 日上午，终于有消息传来，说盟军"明
显频繁地"出动海军和空军，在荷兰海岸附近侦察、搜
索，莫德尔因此忧心更重，他担心盟军要从海上和空中
登陆荷兰北部。

莫德尔命令在当地的部队随时待命，那一区域有守
卫海岸地区的荷兰武装部队以及正好在阿纳姆地区修整
的党卫队第 2 装甲集团军。他还将第 15 集团军的第 59
步兵师调入施图登特的第 1 伞兵集团军，当时第 1 伞兵
集团军凑巧就驻扎在艾恩德霍芬附近，准备移师荷兰东
南部。然而，不管是莫德尔还是其他任何德军指挥官，
对于他们将要面对的空降战役会有多大的规模，全都心
中无数。

9 月 17 日星期天下午 1 点，在盟军一番狂轰滥炸
之后，1545 架运输机、478 架滑翔机，载着美国第 82
及第 101 空降师、英国第 1 空降师的 2 万人出现在天空
中。这个庞大的机群由近 700 架战斗机护航，尽管德军
高射炮也打下了几架飞机，但纳粹空军只做了象征性的
抵抗。到下午 2：30，几乎所有的英美伞兵部队都安全
着陆了。

当时，施图登特正在菲赫特的司令部中，东去 9 英
里便是美军的一个着陆点。据他后来所言，他听到"空
中雷霆大作，震得我马上从书房走到阳台上。无论我往

哪儿瞧，我都能看到飞机，运兵的飞机、大飞机拖着的滑翔机。一股巨大的气流低低地扫过屋顶。我大为震惊，但当时一点也没想到身处险境"。他对他的参谋长说："啊，我多想手中也有如此强悍的家伙啊！"

荷兰的村民们纷纷奔出家门，为从天而降的部队送上鲜花和食物，但德军一开火，他们又马上跑回家中。莫德尔的司令部位于阿纳姆西郊奥斯特贝克，正好处于英军着陆地的中心。莫德尔匆忙收拾好行装，搬到了位于阿纳姆东边18英里的党卫队第2装甲集团军司令部，一边亲自指挥战斗，一边请求增援。

战斗刚刚打响，德国人就不可思议地获得了命运的青睐。德军高射炮兵打下一架美军滑翔机，当地面部队检查敌人尸体时，他们发现了一份完整的盟军作战指令副本。下午3点之前，这份计划就摆在了施图登特的桌上。从此以后，德国人对盟军的每一意图都了如指掌。

在奥斯特贝克降落的英国第1空降师的3个营有2个被党卫队第9装甲师的猛烈炮火所阻，不过第3营还是设法赶到阿纳姆，攻占了至关重要的下莱茵河公路桥的北端——这是整个战役能否胜利的关键所在。但桥南端的德军拒绝投降。在接下来的几天里，浓雾和大雨使英军没能得到增援。党卫队第9坦克师的部队一点一点地削弱英军桥头堡的力量，而同时党卫队第10坦克师和荷兰武装部队的人马也朝顽强的伞兵发起了进攻。

第101空降师的际遇要稍好一点。美军在艾恩德霍芬降落后迅速展开，呈扇形前进，轻轻松松就夺取了 5 座目标桥梁中的 4 座。在攻打艾恩德霍芬以北威廉明娜运河桥的战斗中，他们遭遇到 88 毫米火炮的顽强抵抗。美军为摧毁德军大炮而延误的时间正好够德军炸掉桥梁。待美军赶到，大桥已变成了滚滚浓烟。美军架起舟桥，跨过运河，就地驻扎，等待第 30 军。

在奈梅亨，第 82 空降师遇到党卫队第 9 装甲师侦察营猛烈的火力阻挡，没能按时完成日程。尽管美军攻占了赫拉弗的大桥，夺下了奈梅亨附近的高地，但等到他们赶到公路大桥时，德军已是严阵以待。

9 月 17 日下午，由爱尔兰卫队的坦克开道，第 30 军开始朝艾恩德霍芬进军。在北去的路上，爱尔兰卫队与瓦尔特特遣队火拼了起来。这是一支七拼八凑的队伍，由 2 个伞兵营、2 个党卫队营和 1 个牢役营组成。德国人击毁了 8 辆坦克，最后英国步兵在战斗轰炸机的支援下打败了他们。

第二天晚些时候，第 30 军终于在艾恩德霍芬和第 101 空降师会合了，比计划晚了 30 个小时。英美工兵更换了威廉明娜运河上那座被炸掉的大桥之后，英军就向奈梅亨挺进。他们所取的路径被美国人戏称为"地狱之路"。战斗持续了 9 天。第 30 军竭尽全力与被围困的伞兵部队会合，然而施图登特的第 1 伞兵集团军从沿途的各个果园和农庄里发起攻击，将英军拦在阿纳姆外 3 英里处。

9月25日，蒙哥马利下令停止进攻。盟军已往荷兰境内孤军直入60英里，但没能包抄齐格菲防线和莱茵河地区。而且，德军造成盟军13000余人伤亡，而自己却只损失了3300人。

整个夏末秋初，德国人都一直在修整自己受到重创的部队。政府再次放宽了征兵的尺度，在全国四处搜寻新的人力资源。希姆莱的国民掷弹兵部队如今将手伸向了低至16岁的男孩儿。学校无限期放假，好让12岁以上的孩子入厂做工或是效力防空部门。16～25岁的年轻姑娘现在也得登记服役。

宣传部长约瑟夫·戈培尔已经发布了一道新的全民

在奥斯特贝克街上，党卫队队员眼睁睁看着炮弹在一辆德军装甲车旁爆炸。陆军元帅莫德尔组织了一支部队去拦截赶往阿纳姆、夺取关键的下莱茵河公路桥的英国第1空降师，这些人即隶属这支部队。

动员令，宣布实施每周 60 小时工作制。军备部长施佩尔向希特勒报告说，尽管盟军的轰炸使石油和军火工业受损严重，但军需品实际上却在增产。多亏施佩尔救急有术，每月平均有 1500 辆坦克、自行突击炮和 9000 辆汽车隆隆开下生产线。尽管盟军轰炸机进行过好几次狂轰，至关重要的滚珠轴承工业大体上完好无缺。出厂的新型战斗机也达到了二战中的最高水平。

奈梅亨的瓦尔河大桥，一名德军士兵横尸桥上。美国第 82 空降师和英国近卫步兵第 1 团的士兵于 1944 年 9 月 20 日攻占了这座 600 码长的大桥。

然而，这威风凛凛的军备数量却不能一一转化为战斗力。曼陀菲尔的第 5 装甲集团军向吕内维尔的巴顿发起反攻时，两支进攻的装甲旅中就有全新出厂的坦克。坦克上的士兵同样也是初出茅庐，几天激战下来，美军

大获全胜。开上前线的一支装甲旅旗下 98 辆坦克锐减为 7 辆。德军的损失大多只是源于简单的机器故障。这次溃败逼得曼陀菲尔不得不放弃法国省会城市南锡。

G 集团军群无力抗衡巴顿，令希特勒大为光火，他撤下勃拉斯科维茨，换上赫曼·鲍克将军，这是一个从东线战区退役的老兵。"鲍克将军，"希特勒告诉他，"你要尽量用最少的部队去完成任务。在任何情况下都不会有部队调拨给你。"

鲍克在斯特拉斯堡附近的司令部一切就位后，便下令要曼陀菲尔重启 9 月 25 日停下的进攻，这次还是使用第 5 装甲集团军的装甲储备。刚开始，由于天气恶劣，盟国空军无法参战，曼陀菲尔出师告捷。但天一放晴，盟军飞机就将曼陀菲尔的部队打得落花流水。9 月 29 日希特勒心有不甘地下令停止攻击。他命令所有可用的装甲部队全部转移至北部，保卫鲁尔地区。

10 月初，盟军第一次向亚琛周围的齐格菲防线发起全面进攻。这座古城是查理曼大帝的出生地，是他的中世纪帝国的中心。对于德国人民和纳粹党来说，它可是一个重要象征，他们将查理曼大帝看成是神圣罗马帝国也就是第一帝国的开国元勋。亚琛已经被炸成了一片废墟，大部分居民都已疏散，然而攻下它却是盟军跨越莱茵河战役中的关键一步。

第 7 集团军第 81 军的司令克希林将军为了防守亚琛，集合了 4 个名义上的师。他将第 183 国民掷弹兵师

一个被俘的英国伞兵向一旁拍照的德国人做出轻蔑的手势。照片中他和他的同伴正被押往阿纳姆火车站，他们将被运往德国。德军在阿纳姆内外俘虏了6000名英军士兵，他即为其中之一。

和第49步兵师部署在城北，将第246国民掷弹兵师部署在城里，将第12步兵师放在城郊的东南。军队总数不超过18000人，只有239门大炮支援。

霍奇斯中将的美国第1集团军将从北面展开攻击。打头的是一支步兵师，第19军的装甲部队紧随其后，他们要跨过维尔姆河，这是一条由北向南从城东流过的小河，它守护着的地方人称亚琛山口，自古以来，这便是进入科隆平原的开阔地带的大门。这支部队将和从南端突破齐格菲防线的第7军的步兵会合。

美军的战机轰炸让德军防守部队屡遭打击，力量有
所削弱，霍布斯少将的第 30 步兵师趁机于 10 月 2 日发
起了冲锋。因为德军在北去 10 英里的盖伦基兴附近遇
袭，注意力分散，美军的这次冲锋打了他们一个措手不
及。美军击退了几次反扑后，用炸药和火焰喷射器将筑
壕防守的德军清除干净。到 10 月 6 日的时候，他们在
维尔姆河上建立了桥头堡。

陆军元帅莫德尔在第 7 集团军司令勃兰登伯格尔将
军陪同下，来到第 81 军司令部，然而其时已晚，要组
织起一次反攻是不可能的了。莫德尔向伦德斯泰特汇报：
"亚琛周围情势日益危急。除非派兵增援，否则将不可
避免地节节败退。"

10 月 10 日，伦德斯泰特向最高统帅部转呈了莫德
尔的信，之后，他便派去了 4 个后备装甲师。这些增援
的部队是同一天逐渐抵达战场的，但由于德国人已处于
生死关头，莫德尔决定将这批坦克部队零零碎碎地送上
前线。就在这一天，美军发出最后通牒，要求亚琛的德
国军队 24 小时内无条件投降，否则将招致进一步轰炸。
莱尔中校是第 246 国民掷弹兵师的一名团长，作为亚琛
守军的临时领导，他拒绝了这一要求。

美军在密集空袭之后，进军城中。10 月 12 日，莱
尔所在师的指挥官维尔克上校抵达亚琛，接管防务。得
到增援的步兵后，他发动了两次反攻，这样一来，直到
10 月 16 日，美军还无法包围全城。伦德斯泰特命令维

1944 年 9 月 13
日，美国第 9 步兵师
的士兵迈过亚琛南部
的号称"龙齿"的反
坦克壁垒。在后来的
3 个月里，德军顽强
抵抗，而美军的补给
遇阻，结果战线只向
前推进了十几英里。

尔克："守住这座德国的圣城，战至最后一人，而且万不得已的话，就让这最后一人也葬在城市废墟之下。"

以后的几天里，维尔克一直激励他的部队："战至最后一人，最后一颗子弹，以履行我们对国旗许下的誓言。元首万岁！"

尽管话说得豪气干云，维尔克还是于 10 月 21 日率

11000 名部下投降了。"当美国人开始用 155 毫米自行炮作为狙击武器时,"他挖苦道,"那就到了该放弃的时候了。"第一座德国城市沦陷了。但为了胜利,美国第 1 集团军付出了近 6000 人伤亡的代价。霍奇斯将炮弹几乎耗之殆尽,无法继续进攻。供给的问题再次干扰了盟军的作战进程,这个问题在前线处处存在,而问题的症结就在安特卫普。

到 10 月初,盟军占领安特卫普已近 1 个月,但却一直不能启用港口,因为西斯海尔德河入海口还掌握在德军手中。9 月 6 日至 22 日,灿根将军将第 15 集团军的 86000 人和 6000 辆车从斯海尔德河南岸解救出来,他们原是被蒙哥马利的部队驱赶到那儿的。当大部分师团陆续往北撤回荷兰和德国时,希特勒命令灿根留下 3 个师保卫斯海尔德河地区。灿根在瓦尔赫伦岛上严阵以待。瓦尔赫伦岛本是大西洋堡垒的一个要塞,坚固难逾,遍布大威力的沿海炮台和混凝土贮仓。

由一条狭窄堤道相连的瓦尔赫伦岛和南贝弗兰半岛形成了入海口的北岸。灿根指派第 70 步兵师镇守瓦尔赫伦,又将第 245 步兵师部署在南贝弗兰。他把第 64 步兵师留在入海口的南岸,基地设在港口小镇布雷斯肯斯里,斯海尔德河在此流入北海。南边 10 英里处有利奥波德运河,它的流向与荷、比边境大致平行,切断了到布雷斯肯斯靠岸的路径,为德军防守助了一臂之力。

本土上的首次战败

1944 年 10 月 19 日，驻守亚琛的第
246 国民掷弹兵师指挥官维尔克上校明白
了，他阻止第一个德国城市落入盟军之手
的机会已日渐渺茫。作为神圣罗马帝国 32
位皇帝、国王的加冕地，亚琛对于国家社
会主义来说是一个重要的象征，因为该主
义自称与德国遥远的往昔有着千丝万缕的
联系。现在它被美国第 7 军和第 19 军团团
围住，美国人正杀将过来。

当美军步枪手在大街小巷的残砖断瓦
间穿梭，有计划地炸掉一座又一座楼房的

时候，维尔克激励他的部下说："亚琛保
卫者准备迎接最后一战吧。我们将战至最
后一人。"但两天后，当美军拉来 155 毫
米自行线膛炮，瞄准正前方一座大掩体时，
这位上校就把他自己那一番戏剧腔的鼓动
之辞抛之脑后了，因为这座位于城中心的
掩体是维尔克本人的指挥所。

两名德国士兵在传递维尔克的投降意
图时被打死了，于是这位德军指挥官只得
求助于囚在他指挥部掩体里的美军俘房。
有两个美军俘房自愿效劳。当他们挥舞着
白旗冲出掩体，跑到街上时，枪炮声停了。
夜幕降临时，亚琛城完全掌握在了美国人
手中。

亚琛的指挥官维尔克上校（最右边）和陆军元帅莫德尔一起查看该地区的地图。

一名德军侦察官在亚琛郊外向他的部属讲解任务。当战斗停止后，一个美国观察员称这座城市"如同罗马废墟一样死气沉沉"，但内藏有查理曼大帝皇陵的亚琛大教堂却奇迹般地纤毫无损。

亚琛的一条街道，左右两旁各为谢尔曼型坦克和石墙，一名美军士兵从当中挤过去，朝街上开火。这座古城的防守方在火力上无法与美军的装甲武器和大炮抗衡。

一名国民掷弹兵师的士兵手持一只"铁拳"反坦克火箭筒，从一队Ⅲ型坦克前冲过去，奔向亚琛一座教堂墓地的防守阵地。

市场花园战役结束了，盟军飞渡莱茵河，扑入鲁尔地区的预想已经落空。此时开放安特卫普港成为盟军的当务之急。蒙哥马利将收拾斯海尔德河地区的任务交给加拿大第2军，由英国皇家空军和几千个突击队员一旁助战。

10月2日，加拿大第2师在安特卫普北部的比利时乡间将薄弱的德军防线轻松制服，然后朝10英里外的城镇翁斯德雷赫特进军。这个镇的战略位置极佳，正好在荷兰边境内，横亘在南贝弗兰通往大陆的堤道上。加拿大人在此遭遇奇尔特遣队的顽强抵抗。这支特遣队由老将生手混杂而成，由奇尔中将领导，包括3个步兵

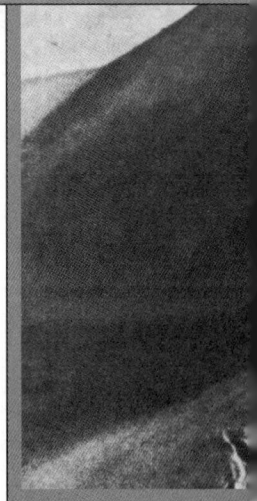

瓦尔赫伦岛位于西斯海尔德河
入海口，把守着由海上进入安特卫
普的大门，岛上密布德军武器。一
张由海岸防御炮台组成的大火力网
俯视着北海，从左图中便可窥其一
斑。图中鱼雷发射器由海军的海岸
炮队炮兵操纵。在岛中另外的堡垒
中，德军士兵把守着机枪巢，巢上
蒙有伪装网（见右图）。

这支8000人的守军就藏身于沙丘里的防空混凝土掩体中。

师的残部，赫尔曼·戈林替补训练团的部分人马及顽固
的第6伞兵团。奇尔特遣队被派到这儿来原是为破坏市
场花园计划助攻的，这一次他们将加拿大人阻在海湾达
两周之久，最后才向北撤往荷兰大陆。通往南贝弗兰半
岛的堤道由此打通。

翁斯德雷赫争夺战持续进行，与此同时，英国皇家
空军对瓦尔赫伦岛发动了一系列的轰炸突袭。10月3日，
247架兰开斯特式轰炸机发起攻击，将岛上的主堤炸开
缺口。北海的海水涌入这座碟形岛中，将德军和荷兰群
众赶到地势较高的3条狭长濒海地带上，这其中就包括
瓦尔赫伦的两个主要城镇——弗拉辛和米德尔堡，这两
个镇子在岛屿的两岸隔海相望。德国人退入要塞，其狰
狞本色丝毫未减。

在斯海尔德河南岸，加拿大第3师向埃伯丁少将
的第64步兵师发起攻击。加拿大人用带火焰喷射器的
坦克开道，在利奥波德运河两岸建立了两个桥头堡，
围剿德国人，这个阵法后来被称为"布雷斯肯斯口袋"。
在埃伯丁的鞭策下，德军掘壕筑堡。这位将军警告说，
投降的部队按逃兵视之，"一旦查出这些人的名字，
将把这些名字向国内人民通报，其近亲也将被视为德
国人民的敌人"。

瓦尔赫伦岛上的海岸防御炮台用火力封锁了入海
口，助埃伯丁一臂之力，暂且挡住了加拿大人的进攻。
然而10月21日，皇家空军德台风式歼击机击溃海岸防

御炮台。就在那一天，加拿大人打进了布雷斯肯斯。顽固的德军死守谷地，直到11月3日，埃伯丁自己缴械投降后的第二天，他们终于放弃抵抗。

与此同时，加拿大第2师和德国第245师为争夺南贝弗兰半岛展开激战。加拿大人从水陆两路越过斯海尔德河发起攻击，最终于10月26日占领了半岛。德军残部退至瓦尔赫伦岛，与第70师合力，这样一来，达泽尔中将手下的德军兵力就增至1万人。尽管布雷斯肯斯和南贝弗兰已经沦陷，德军仍旧牢牢钳制着斯海尔德河，因为瓦尔赫伦岛，这座最难攻克的堡垒，还掌握在他们手中。

11月1日，天未破晓，加拿大人发起攻势，越过连接南贝弗兰半岛和瓦尔赫伦岛的狭窄堤道，建立了一个临时桥头堡。德军只顾应付这场突袭战，结果让另一场大攻势闹了个措手不及。英国、法国和荷兰突击队从水陆两路登上弗拉辛，而弗拉辛上的德军防御炮台已在10月21日空袭中被台风式歼击机炸得支离破碎。当突击队向镇里进军时，25艘登陆艇携火箭和轻型火炮进攻瓦尔赫伦的西海岸。德军的沿海大炮炸沉了9艘登陆艇，还打坏了另外11艘。但在这些登陆艇的火力掩护下，另一支突击队登陆了。到夜幕降临时，突击队就已控制了岛屿西侧的两个主要炮台。

瓦尔赫伦岛南岸的德军继续战斗。11月4日，又有一支盟军突击队在他们后方登陆。德军遭四面埋伏，

弹药耗尽，这才发觉负隅顽抗已是徒劳。11月6日，皇家苏格兰军团的一名中尉与达泽尔将军在米德尔堡会面。达泽尔愿意投降，但不愿向一名地位卑微的中尉投降。这位年轻军官"临时、就地"将自己升任为中校，然后他便具有了足够的资历，可以如将军之愿，于是他投降了。入海口最终落到了盟军的手中。

德军顽抗死守，迫使盟军无法动用安特卫普港口，赢得了一个月的宝贵时间，而且还造成盟军死伤13000人。因为斯海尔德河还有水雷需清除，所以直到11月28日盟军第一艘补给船才能靠岸抛锚，那已是攻占安

1944 年 10 月 4 日，在英国轰炸机摧毁荷兰一条最古老、最坚固的大堤——300 英尺宽的韦斯特卡佩勒大堤一天后，冰冷的北海水扑上瓦尔赫伦岛。尽管海水泛滥，岛上德军还是死守了 1 个月。

特卫普 3 个月之后了。

直到 11 月初，盟军全部 7 支集团军还停在齐格菲防线的前方。盟军想在 1944 年结束战争的希望已渐渐消逝。盟军每个师每天需要 700 吨食物，从诺曼底海滩拉出的补给线有 300 ~ 500 英里长。然而尽管后勤困难重重，冬季即将来临，艾森豪威尔还是保持进攻的势头。

齐格菲防线在亚琛开了一个缺口，这让德国人深信，艾森豪威尔计划向莱茵河打一场更广泛的进攻战。他们猜对了。这次战役将由布莱德雷将军指挥。霍奇斯将军将率领美国第 1 集团军从亚琛经盖伦基兴朝莱茵河进军，抵达科隆。霍奇斯的左翼将由辛普森中将率领的美国第 9 集团军保护。辛普森将在马斯河和罗尔河间往北推进，与邓普西的英国第 2 集团军会师，从奈梅亨朝东南方进攻，在下莱茵河西岸开出一片广阔的战场。在南面，美国第 3 集团军将护卫第 1 集团军的左翼，朝萨尔河迈进，而美国第 6 集团军继续向斯特拉斯堡附近的莱茵河上游挺进。

布莱德雷眼下的目标是罗尔河上游的一连串 7 个大坝。盟军担心德国人会开闸放水，淹没莱茵河平原。然而，在去争夺大坝之前，美国人还想先设法消除右翼的威胁，因为德军控制着亚琛东南 15 英里外的贺根森林。这注定是一场硬战，美军损失了 4500 人，还没能在 10 月里打通森林之路。

莫德尔对盟军即将发起的进攻心中有数，而又苦于

希特勒设立的人员限额，于是他迅速重新布置B集团军群，将第5装甲集团军和第7集团军调往亚琛东部的防线上。他的当务之急非常明确——不让盟军接近罗尔河。与此同时，在贺根森林里的德军已经布下了迷魂阵：森林里满是带刺铁丝网、机枪巢、碉堡和成千上万颗地雷，许多地雷配上了木制或玻璃容器以欺骗探雷仪。贺根森林里灌木丛生、浓荫蔽日，美军无法施展其惯用的空中支援，在拥挤的环境中，美军高超的移动术和火力派不上用场。

恶劣的天气迫使盟军将进攻的日期推迟了5天。11

1944年11月底，美国第5军的机动火箭发射架朝贺根森林里的德军阵地开火。在这场长达6周的森林激战中，美军有31500人被杀、受伤或被俘，另外还有5000人因患上了战斗疲劳症和各种疾病而失去了战斗力。

月 16 日进攻开始了，英美出动 2500 架重型轰炸机发起突袭。接着美国第 9 集团军和第 1 集团军的步兵便陷入了又冷又湿的丛林之中。连绵的雨雪妨碍无线电通讯，战士们全身湿透、浑身冰凉。随后的战斗变成一场拉锯战，盟军几乎是在一寸一寸地前进，贺根村易手的次数绝不少于 14 次。

美军在贺根森林里损失了 31500 人，也就是说每 4 个进入森林的人就有 1 人伤亡。估计德军的损失是那笔巨数的两倍。12 月 3 日美国第 9 集团军穿林海越莽原，终于到达了罗尔地区的于利希镇和林尼希镇。但是美国第 1 集团军又过了两周才赶了上来。德军依然掌握着罗尔河大坝，威风凛凛，随时可以放出汹涌的洪流席卷美军的去路。12 月 15 日，美军中止了罗尔河进攻战。

盟军浴血奋战了 1 个月，却只夺取了微不足道的 8 英里德国领土。在东南面，法国第 6 集团军第 1 军已于 11 月 23 日解放了斯特拉斯堡，但却无法再前进一步。巴顿的萨尔河之行几乎毫无进展，而西北方的英军还在荷兰努力清障。雪上加霜的是，希特勒开始往安特卫普发射他那新式的 V-1 飞弹了。

德军在阿纳姆、在亚琛、在斯海尔德河和贺根森林防守有术，连战连捷，令国内人民大受鼓舞，他们将秋季的复兴称为"西线奇迹"。而对于盟军来说，德军给了他们一个苦涩的教训，让他们见识了德军的防守能力。现在，就在他们刚刚还满心希望结束大战的这一年，纳

粹德军的攻击力量又将给他们一个惨痛的教训。

　　甚至还在盟军把希特勒的军队赶出法国之时，希特勒就已经在构想一个异想天开的计划——大规模反攻。他估量了各种可能的进攻路线后，把战场定在阿登高地。那是一座位于卢森堡和比利时之间、丛林密布的山脉。那里悬崖峭壁、树木浓密、河谷险峻、路踪难觅，危险重重。阿登高地延伸至德国境内的艾费尔森林，为德国

1944 年 11 月 22 日，德国士兵匆匆撤离阿尔萨斯的经济、文化中心斯特拉斯堡。第二天，法国第2师解放了这座城市。1940 年希特勒占领法国后曾将它收入第三帝国的版图。

集结必要的兵力提供了极佳的掩护。

9月，希特勒秘密指示，从利格尼茨的档案库中调出有关这一地区1940年闪电战的各种命令。10月9日，最高统帅部作战指挥部部长约德尔呈上一份类似的进攻计划草案，还取了一个误导人的代号"守望莱茵"。盟军部队不均匀地分布在400英里的长线上，希特勒由此看出了可乘之机——他要在即将来临的严冬腊月朝盟军的最薄弱环节发出夺命一击，没有多少人能猜到在那个时候会打响一场进攻战。10月29日他打电话给戈培尔，祝他这位宣传部长生日快乐。元首向戈培尔担保，到圣诞节时一切都会改变。他说，德国人民1944年圣诞节有望收到一份"战场大捷"的大礼。

亚琛战区交战正酣，为德军在莱茵河以西集结精锐部队提供了绝佳的掩护。守望莱茵行动的所有指令都是以骗人的呈词开头："鉴于预想中的敌军攻势……"就好像德国人是在为阻止盟军突破大河障碍而布防一样。借着这层掩护，希特勒在11月战事中就开始将武装党卫队第6装甲集团军集结在科隆四周。他挑选忠实的武装党卫队将领塞普·狄特里希来统率这支新军。狄特里希原为屠夫，是一个干练勇敢的军人，极得德军上下的信任。他是一级一级升上来的，在东线战区统率精锐的阿道夫·希特勒警卫旗队。

盟军情报部门大惑不解，为什么这支新集团军不开到罗尔地区，挫挫盟军的锐气。希特勒又玩了一系列令人迷惑的动作，令盟军百思不得其解。他将曼陀菲尔的第5装甲集团军司令部人员从G集团军群调到B集团军群，把他们派上亚琛后面的防线，刻意让人以为是在准备防御工事。因为希特勒打算让B集团军群负责守望莱茵行动，为了减轻莫德尔的一些负担，他便新组建了H集团军群，由施图登特将军统率，下设第15集团军和驻荷兰的第1伞兵集团军。然后希特勒悄悄将曼陀菲尔的司令部人员从亚琛地区撤走，换上灿根的第15集团军司令部人员，还是安上曼陀菲尔军群的假称。荷兰武装部队司令部人员借着假冒第15集团军的名义接管了灿根在荷兰空出的指挥权。与此同时，曼陀菲尔的司令部人员又假扮宪兵特派队司令部，全力以赴为反攻作准备。

盟军以为西线的德军再也无力发动大的攻势，这种猜测风行一时，深入人心。而希特勒的冬季奇袭已是如箭在弦。据最高统帅部的一名书记员记载，有关反攻行动的一切策划方案、准备措施和命令全部由元首掌握，元首甚至连给某部队供应若干车辆马匹一类日常事务的决定权都抓在手中。正如曼陀菲尔所见："阿登进攻的计划完全由最高统帅部一手制定，下达给我们的时候就已是不可更改的'元首训令'。"

该训令要求德军分三路进攻：由狄特里希统率武装党卫队第6装甲集团军，由曼陀菲尔统率第5装甲集团军，由勃兰登伯格统率第7集团军。希特勒将主攻之职派给狄特里希。武装党卫队第 6 装甲集团军要横穿阿登森林，朝西北方进攻，在列日和惠伊间渡过默兹河，直取安特卫普。曼陀菲尔的集团军要贴着狄特里希的南翼，一路狂飙，奔西北而去，在那慕尔和迪南间跨过默兹河，进军布鲁塞尔。与此同时，第 7 集团军则将沿德军的最南翼全速向默兹河推进。

希特勒希望这次进攻能夺走盟军至为紧要的港口，撕开英美前线，孤立英军，迫使英军撤出欧洲大陆。要在短短 7 天里完成如此高不可攀的目标，他所依靠的就是出其不意。他需要速战速决，抢在"法国人开始征兵之前"。至于行动的确切日期，希特勒说，就由"天气和他来做决定"。

当希特勒的高级将领齐聚莫德尔的司令部详细查看计划时，元首听任那些人大放厥词。他们指出，安特卫普有 125 英里之遥。即使德军能杀出一条血路，夺回那座城市，他们也无法守住阵地，阻挡来敌。更有甚者，将军们认为将大部分的物资集中供给武装党卫队第 6 装甲集团军真是愚不可及，因为第 5 装甲集团军的行军路程要长得多。他们进一步指出，在 1940 年闪电战中，德军一路开到英吉利海峡，出动了 44 个师，最后增至 71 个师。而现在，面对更为强大的敌人，希特勒想要重施故技，却只计划动用相当于 28 个师的兵力，其中只有 9 个装甲师。

"希特勒显然是想小规模再现 1940 年 5 月西线进

攻战的基本概念，”最高统帅部作战指挥部副部长瓦尔利蒙将军说，“只是对于眼下的处境而言，这小规模也还是太大了些。”

不过，希特勒的反攻仍有许多值得称道之处。三股德国部队集结了超过 24 万的兵力，他们要进攻的地区只有区区 8 万人防守。而且，进攻的时间和地点都是盟军料想不到的。就算不能给盟军夺命一击，也能赢得时

武装党卫队第 2 装甲师的装甲步兵们从一长串燃烧的美军汽车旁走过。这是在比利时曼海的一个重要岔路口附近。1944 年 12 月 24 日德国部队攻下这个村子，打开了往西通默兹河的一条道路。

间，好让德国人重建被夷为平地的工厂，造出更多的V–2火箭、喷气战机和现代化的潜水艇——希特勒声称可以靠这些新式超级武器来打赢这场战争。

伦德斯泰特称这个计划是"天才的一笔"，只是过分自信了些，希特勒或最高统帅部在定夺大计时并没有征询他的意见。这位西线战区总司令明白，反对是白费力气，因为元首亲笔在命令中附注："不得更改。"约德尔的一番直言同样让伦德斯泰特的心情不得轻松："行动宗旨的冒险之处是不容更改的，这个宗旨，单纯从技术的角度来评论，也似乎与所欲动用的部队不相称，然而，正是这个原因，不能灭自己威风，胜负在此一战。"

伦德斯泰特和莫德尔合作提交了一份备选方案。这方案被称为"沙场小决"，目的只是要掐掉孤军深入亚琛的美国人，夺下列日的一个盟军军需品基地。莫德尔三番两次劝说希特勒，不要把安特卫普列为行动目标，但元首不理睬他的恳求，嘲笑莫德尔的"小决"是"悬而未决"。

希特勒指出，将军们在秋季战事中一错再错。他们警告说齐格菲防线不加固的话就会垮掉，结果它没垮。他们说他不可能征到新军，然而11月就有4支人民步兵师的新兵奔赴战场。他们抱怨装备短缺，然而11月有1300多辆新的或是修理过的坦克开到了西线，还有1000辆很快就到。他们抱怨没有空援，但希姆莱答应给这次行动提供1500架飞机，包括100架新的喷气战机。

除此之外，希特勒还设法成功扣下了 420 万加仑的汽油和 50 列火车的军火。

只有曼陀菲尔还能让元首重新考虑一下计划里的方方面面。他向莫德尔指出，如果上午 7：30 用炮轰来打响战斗，11：00 发起进攻，德军就等于放弃出其不意的优势，而且冬季白昼苦短，在夜幕降临前他们只有 5 个小时的时间。如果不用大炮打头阵，让地面部队于早上 5：30 发起冲锋，突击队就能趁机深入敌阵。

莫德尔非常赞同曼陀菲尔的意见，但他提醒道："你最好去同元首说个明白。"

"行，如果你和我一道去，我就去跟他说。"曼陀菲尔回答。12 月 2 日，在柏林经过 5 小时磋商后，希特勒同意了。除了将行动代号换成莫德尔小决计划的代号"秋雾"之外，这一点是希特勒做出的唯一妥协。

冬天早早到了。11 月中旬一场大雪落后，雨雪霏霏、天寒地冻，浓雾沉沉压在树梢。在 11 月下旬之前，大多数军、师级指挥官都不知道这个计划，可他们现在只剩下一点点时间去研究作战地形。莫德尔视察一个军的司令部时，有几个军官抱怨军需短缺，而且进攻的道路上障碍太多。这位好斗的陆军元帅认为这只是一派失败的论调，他厉声喝道："你要什么，去找美国人拿啊！"

伦德斯泰特向最高统帅部报告说，他的部队尚未达到理想状态，还差 3500 名军官和 115000 兵员。他抱怨说，增援的部队缺乏效率，因为他们受训时间太短了。希特勒对伦德斯泰特这一番扫兴的话不加理会。他太忙了，又要向施图登特将军下达命令，给他的伞兵派任务，又要和武装党卫队中校斯科泽尼一道制定作战计划。斯科泽尼就是那个大胆的突击队队长，他在1943年将倒台的意大利独裁者墨索里尼营救了出来，这个战绩令人惊叹。斯科泽尼要训练一支讲英语的德国突击队，假扮美国士兵。他们要身着美军制服，开着缴获的吉普，混淆敌人阵营、散布恐惧。希特勒将斯科泽尼的特别任务称为"狮鸢行动"。所谓狮鸢，是一种半鹰半狮的神话动物。

12月12日，希特勒将他的高级将领们召集到伦德斯泰特的司令部，对计划进行最后检查。为防遭人暗算，他下令将军们解去随身武器，留下公事包后，方能进入地堡。地堡由两列身材魁梧的党卫队军官把守。每位将军入座后，都有一个党卫队警卫站在椅后监视。接着元首进来了。有位将军注意到，他"面容苍老，神情沮丧，当他读着一份备好的长长的手稿时，手一直在颤抖"。

希特勒向高级将领作了将近2个小时的演讲。他断言："像我们的敌人这样的联合体可说是史无前例，他们的成分复杂，目标各异。一方是极端资本主义大国，一方是极端马克思主义大国。一个是日薄西山的老帝国——英国，另一个是一心子承父业的殖民地——美国。甚至就在此时这些国家也都是纷争不断。如果有人能像稳坐网中的蜘蛛，细观事变，就可以看出他们中的敌意简直是与日俱增。如果此时我们能重拳出击，那么这勉强撑起的统一阵线随时可能一阵巨响，轰然倒塌。"

就连一向表示质疑的蒙哥马利，在 12 月中旬也对他的部队发表了乐观的估计："敌人目前正全线防守，形势不容他们组织大的进攻行动。"尽管几个月来伦德斯泰特一直不过是个傀儡而已，但他以西线战区总司令的身份露面还是迷惑了盟军。他们根据他先前的举止判定，这位谨慎小心的 69 岁的傀儡司令在保留最强兵力，去防守齐格菲防线和莱茵河地区。

美军只顾循平坦大道打进或准备打进德国，他们蛮有把握地削减了驻扎阿登的兵力。驻扎阿登的 5 个师有两个几乎毫无作战经验可言，另外两个师刚经历贺根森林的严酷考验，还在休养调整。尽管德国人在 1940 年成功地利用阿登高地飞渡大军，但美军的高层将领仍认为大型装甲部队无法通过此地。

最高统帅部下令将秋雾行动定在 12 月 10 日。接着

武装党卫队中校斯科泽尼（左上）在一次纳粹集会上敬礼。希特勒挑选这个疤脸的突击队大师训练说英语的德国特务，让他们在阿登进攻战打响之时深入美军前线后面制造混乱。斯科泽尼的小队开着缴获的吉普，穿着美军制服。有 7 个小队渗入了美军阵线，其中有 18 人被俘后被行刑队枪决，上图中的 3 人即在亨利礼拜堂被处决。其他换上一身美国装备的德国士兵也付出了代价：那些落入美国人手里的士兵经常是命丧当场，就像右图中的党卫队队员。

希特勒将进攻日期推迟至 14 日，为部队各就各位留出更多时间。德军奔波在艾费尔高原的曲折山道间，路上铺了稻草，以消除装甲车辆的辘辘声和拖拉装甲车的马的马蹄声。接着开战日期再次推后，最后定在 12 月 16 日。希特勒通知莫德尔，最高统帅部已发出最后命令，必须一丝不苟地执行。莫德尔回报，已收到命令，并"一字不落"地转交给了狄特里希。约德尔接着发出消息："大事已定，胜机可待。"

12 月 16 日早上 5：30，趁着雾迷天昏，阿登战役轰然开场，德军西线战区至少一半的作战兵力向毫无觉察的敌人扑去。当军队和车辆向前冲去时，1900 门大炮朝前方的美军阵地开始了 90 分钟的炮轰，V-1 飞弹和 V-2 火箭呼啸着冲向列日和安特卫普的战斗目标。

党卫队第 12 装甲师（希特勒青年团）的一个中尉在给他妹妹的信中描述了当时的情形："我给你写信的时候正是我们进攻前的一个重大时刻。这时刻真是激动人心，对未来的几天我们充满期待。有人坚信自己会活下去，但生命并不是一切！我们只要明白自己是在进攻，并将把敌人赶出祖国，就别无他求。这是一项神圣的任务。在我头上，V-1 飞弹和各种武器在狂呼尖叫，这是战争之音。"这个时候，在第三帝国国内，柏林电台里也在播出宣传部长戈培尔欣喜若狂的声音："德国国防部队已发动了伟大的进攻战。我们将摧毁敌人，切断他们的所有通讯线路。巴黎是我们的目标！"

盟军对这场战役的规模反应迟缓。"我那些突击营迅速渗入美军前线，就像雨点一样。"忆及此事，曼陀菲尔常会这么说。布莱德雷将军认定这不过是次破坏行动。艾森豪威尔足足等了一天才将第82和第101空降师从法国兰斯征召上战场。希特勒达到了出奇制胜的目的。甚至连天气也来帮德国人的忙。整整一周，浓雾迷漫、白昼苦短，盟军无法进行空中侦查，无法从空中提供战术支援。

斯科泽尼的突击部队从党卫队第6装甲集团军的南端打入美军前线，初战小捷。尽管大部分人很快便被逮住，但光是有他们存在这回事就制造了交通堵塞，因为精神紧张的哨兵为了搜寻假冒者，用冷知识小测验来考验他们的老乡，如重要棒球队和电影明星的名字，海报美女贝娣·格拉布尔的丈夫是谁，诸如此类。有一个突击队队员被俘后声称他的任务是暗杀艾森豪威尔，于是这位盟军最高统帅便在他的巴黎司令部里受到严密保护。

德军的主攻部队，狄特里希的党卫队第6装甲集团军，由5支步兵师和4支装甲师组成，总共约有450辆坦克，包括90辆新式68吨虎式坦克。右翼有4支党卫队训练的国民掷弹兵师，他们从艾费尔以北发起进攻，任务是夺取蒙绍和比特赫巴赫两个镇，从而打开西去的大道。许多士兵是冬战俄罗斯的沙场老兵。他们身穿白色斗篷，这样就能和白雪覆盖的地面融为一体。（当美军从突袭中反应过来时，他们不得不征用比利时的床单作伪装。）

在蒙绍，美国第 2 和第 99 步兵师的军人封锁了道路。1000 名德国空降兵组成的小队，由冯·德海特中校率领，开始为地面部队打通道路。但是，运送他们上战场的纳粹空军的 Ju-52 和 Ju-88 飞机已是伤痕累累，大部分都没能飞到指定位置。驾驶飞机的是些飞行生手，有许多飞机偏离了航程，另外一些则被美军的防空火力打下。只有约 300 个伞兵安全着陆，他们很快就被美军各个击破俘获。

狄特里希左翼的第 1 装甲军际遇稍佳。它拥有 2000 名老兵和 120 辆坦克，狂热的 29 岁党卫队中校佩珀率领佩珀特遣队为其打头阵。特遣队突破洛斯海姆山口后，便朝西去，于 12 月 18 日到达斯塔沃格镇——这里离美国第 1 集团军在斯帕镇的司令部仅有几英里之遥，离两只装着 300 万加仑汽油的巨型燃油仓则更近。12 月 24 日，佩珀燃料耗尽，从亚琛赶来的美国第 30 师又将他们团团围住，于是佩珀和他的 800 士兵徒步突围，身后留下 39 辆坦克，留下的还有惨遭屠杀的美军战俘和比利时老百姓的累累血痕。大屠杀的消息迅速在美国部队中传开，激得一些美国大兵发下誓言，绝不再生擒穿党卫队制服的人。

在通往默兹河途中的圣维思和巴斯托涅间有一交叉路口，曼陀菲尔的第 5 装甲集团军奉命攻占这一重要的交通道口。他们拉开 30 英里宽的战线，打入美军阵地

60 英里，一马当先。12 月 19 日第 5 装甲集团军在施内艾费尔包围了美国第 106 步兵师的两个团，迫使 8000 美军缴械投降——这是美军在欧洲战场上被俘人数最多的一天。冯·吕特维茨将军的第 47 装甲军的第 2 装甲师西抵塞勒，离默兹河只有 4 英里，在盟军的战役图上画出一个丑陋的突起。正是由于这个突起图形，希特勒的阿登进攻战在美国史书上被称为"突出部之役"。

盟军指挥部虽然一开始没反应过来，但过后便对德军反击的规模心中有数了。艾森豪威尔将他的部队在齐格菲防线两头来回调动，并把巴顿的第 3 集团军从萨尔调往比利时。12 月 19 日他下令停止阿登高地以北和以南所有的进攻战，动用 335000 美国人去阻挡希特勒的攻势。

圣诞节前夜，曼陀菲尔向希特勒提出，让他调用最高统帅部的后备军和党卫队第 6 装甲集团军在默兹河东岸往北打一场围攻战。事关紧急，曼陀菲尔坚持要当晚得到答复。前一阵子，曼陀菲尔也曾要求从第 7 集团军调出一个机械化师，但元首一口回绝了，他仍然不愿意让他那意识形态纯净无比的党卫队第 6 装甲集团军演配角。然而这一次他动了怜悯之心，将主攻的角色派给了曼陀菲尔，放弃了夺回安特卫普的希望。现在德军的目标是默兹地区。

曼陀菲尔立马开始在处于十字路口的巴斯托涅镇展开猛烈攻势。第 2 装甲师和第 26 国民掷弹兵师已经

与莱尔装甲师会合，包围了巴斯托涅镇，将第 101 空
降师的一支队伍和第 9、第 10 装甲师的部分队伍围了
个水泄不通。这些部队均由麦考利夫准将统率。12 月
22 日，吕特维茨派出一队白旗兵，向美军劝降。麦考
利夫一向不喜粗口渎神，这时作了一个可载入史册的
回答："滚你妈的蛋。"（一开始，吕特维茨被直译出
的这词弄得一头雾水，最后他的翻译告诉他，这等于说：
"见鬼去吧！"）

莫德尔说服了希特勒准许他给曼陀菲尔派去援兵，
支持他整装再次进攻巴斯托涅。特意为反攻留出的纳粹
空军飞机于平安夜轰炸了被围的城市，地面部队于圣诞
节当天开始攻城。但美军严防死守，终于等来了巴顿的
美国第 3 集团军。第 3 集团军的装甲车不顾雪深夜黑，
挥师北上，于第二天冲破了德国的包围圈，解救了巴斯
托涅。曼陀菲尔要求的后备军最后于 12 月末抵达，但
到那时，他的坦克、军车都耗光了汽油，动弹不得，一
路排了有 100 英里长。

曼陀菲尔打电话给约德尔，请他向希特勒报告，他
打算撤回先头部队。希特勒不答应。"那么，我们就不
能及时撤退，"曼陀菲尔说，"只能被盟军的攻势逼得
一点一点后退，毫无意义地受苦遭罪。"正是在此刻第
5 装甲集团军的奖章告罄，因作战英勇而获嘉奖的士兵
如今收到的是一幅伦德斯泰特亲笔签名的照片——这真
是铁十字军章的拙劣替代品。一名师级将领建议，奖励

几天假期可能更合适些。

战事一直拖到了 1 月。在 12 月的最后几天里，天气晴朗了，盟军空中部队趁机在饱受打击的德国装甲师面前大显神威，只有一次被打了一个措手不及。元旦那天纳粹空军出动大批战机，摧毁了 156 架停在地面的盟军飞机，其中还包括蒙哥马利的私人座机。

1 月 3 日，盟军展开反击。伦德斯泰特建议全线撤退。希特勒同往常一样，拒绝了。不过，几天后，他却将党卫队第 6 装甲集团军调离战场，派往匈牙利。1 月 8 日，他勉强同意将剩下的德国部队调回齐格菲防线后相对安全的地带。

"我们从大凸角回撤得太慢，现在我们要为动作迟缓付出代价了。"曼陀菲尔回忆，"最高统帅部低估了我军的疲劳状态。我们根本没料到他们会累到那种程度，他们无论是生理上还是心理上都再也不能与装备精良、粮草充足的强敌一争高下了。"

阿登反击战，用伦德斯泰特的话来说，变成了"伏尔加格勒第二"。在西线战区这场最大的战役中，德国打死打伤盟军 81000 人（几乎全都是美国人），摧毁盟军 800 辆坦克。但他们自己也损失了 10 万人、800 辆坦克和 1000 架飞机。

希特勒竭力正面评价这笔巨大损失。作为他这一失败杰作的收场白，他告诉他的将军们，尽管反攻战役"没能取得应有的决定性胜利，但情势大大缓解了。敌人不

得不放弃所有的进攻计划"。

这一番信口开河，可真是虚妄之及。希特勒的这一场阿登豪赌大大消耗了本该用于固守德国本土的人力和武器。西线一举得胜的所有希望均已渺若云烟，德国人会发现东线也不能给他们带来多少宽慰。那里的苏联红军又一次整装待发，准备直捣柏林。

但元首永远是乐观的。他认为第三帝国目前的灾祸是"古已有之"，他又一次从他心目中的英雄腓特烈大

　　这几幅照片摄下了佩珀特遣队横扫比利时时的情景。佩珀特遣队是党卫队第6装甲集团军的先头部队，由党卫队中校佩珀（左上图中穿兜帽大衣者）率领。在12月19日争夺斯图蒙的战斗中，一枚美军炮弹命中佩珀的领头黑豹坦克（左下图）。

　　一班士兵在燃烧的坦克遮挡下架起机枪（上图），而这时一个同伴（下图）在修理一只"铁拳"反坦克火箭筒。攻下斯图蒙及附近两个村子后，特遣队燃油耗尽，被美国第30步兵师团团围住。佩珀和他的大部分手下都成功突围而出，身后留下大量惨遭屠杀的老百姓和美军战俘的尸体。1946年战争罪犯法庭判处佩珀死刑，但后来又因缺乏证据而暂停处决。1976年有不知名者放火烧了佩珀在法国东部的家，死于火灾。

帝的著作中寻求安慰。"我刚刚正在读一些信件。"他
对一个亲信随从说道。元首接着引用了一段由那位普鲁
士的军人国王于 1759 年亲笔写下的信，1759 年正是七
年战争中最黑暗的时候："我曾经与欧洲最宏大的军队
交战。现在，我所拥有的是一堆破砖烂瓦——我手中无
将，我的将军不再是合格的头领，我的士兵素质低劣。"

"你无法想象还会有比这更丧气的控诉状，"希特
勒说，"然而这个人坚强地打完了战争。"所以，他也
会的。

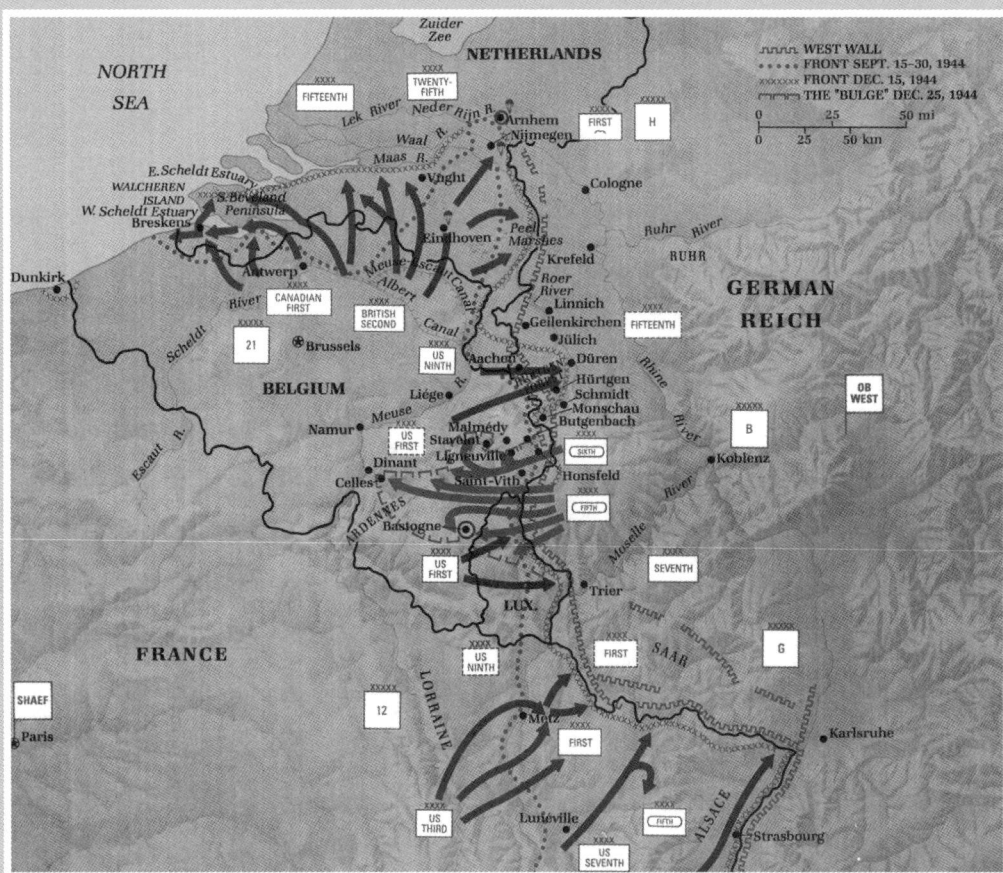

西线争夺战

1944年秋，盟军发动了许多消耗巨大的进攻战，旨在攻破齐格菲防线。正是这些攻势促使希特勒最后豪赌了一把——在卢森堡和比利时之间崎岖的阿登森林突然发起一次反攻。9月的市场花园行动中，盟军将伞兵空降至德军阵线后，企图包抄齐格菲防线。伞兵志在夺取艾恩德霍芬、奈梅亨和阿纳姆的重要桥梁，然后与从比利时北上60英里的地面部队会合。恶劣的天气和德军顽强的抵抗使他们没能在阿纳

姆会合，行动被迫终止。10月、11月间，美军继续朝莱茵河地区进军，10月21日攻下亚琛，11月22日攻下梅斯。他们在贺根森林浴血奋战6周后，于12月3日到达罗尔河地区。在这一系列战役打得热火朝天之际，希特勒在莱茵河以西秘密集结了一支威力巨大的突击部队。12月16日，他朝阿登阵地一个防守薄弱地区发起了反攻。这次反攻的目的是夺取盟军的后勤基地安特卫普，切断盟军北上的路线。第5装甲集团军孤军深入盟军防线，冲到距默兹河不到4英里的地方。但德军无法继续前进，很快又转入防守。

希特勒的末路穷兵

　　1944 年 9 月 25 日，地面战第一次打到了德国家门口后不久，阿道夫·希特勒命令组建人民冲锋队。这个主意原本是由陆军总参谋长古德里安将军提出来的。7 月，中央集团军群在东线战区溃败后，他就提出将德国所剩无几的人力资源搜刮一空，建立一支保卫本土的部队。但希特勒当时并未同意。直到后来元首的私人秘书兼心腹智囊马丁·鲍曼将这主意据为己有，元首才应允。"今天，经过一番痛苦挣扎，元首同意下令组建人民冲锋队，"鲍曼向妻子透露，"我就像第一次做妈妈的人，精疲力竭但是兴高采烈。"

　　希特勒的法令一下，所有 16 ~ 60 岁的非重病男性平民都自动成为这支新部队的成员。在鲍曼的领导下，各省省长，或称纳粹党大区领袖，在第三帝国内的每个城镇乡村都设立了入伍中心。他们动员了一百多万成年和青少年男性。这个前景堪虞的部队核心只有一些不适宜服役的退伍老兵——此前被视为连有限兵役也无法承担的老人，以及思想深受毒害的青少年，然而它却被鲍曼称为"理想主义者大军"。为了将宣传效果扩至最大，人民冲锋队于 10 月 18 日宣告成立。这一天是 1813 年莱比锡之战的周年纪念日，是德国各邦及其外盟的联军在莱比锡击败拿破仑的日子。

　　帝国党卫队海因里希·希姆莱以预备军总司令的身份监督军事训练，并提供武器和装备。由于大多数人民冲锋队成员长时间在不同的军工部门工作，星期天通常是他们一周中唯一可以进行演习的日子。他们没有正式的制服。许多队员训练时只有一只假步枪和臂章。

　　虽然人民冲锋队本应只在家乡附近服役，但许多人最终都上阵前线，尽管他们没有做好战斗准备。年长的一般能险境求生，但年轻人大多在激战中送命。

大腹便便的人民冲锋队志愿兵列队从希姆莱、古德里安和德国驻波兹南的大区领袖格赖泽尔身前经过。照片里的征兵海报上写的是"为了自由和生命"。

周末战士的入门训练

一个中年的新兵在练习发射"铁拳"反坦克火箭筒,他的表情有些畏缩。他这一班的其他战士还在等着轮流练习开火。

人民冲锋队一老年志愿兵战兢兢就地检查发给他的一把1890年老式奥地利步枪。这种武器早在一战初期就已淘汰不用了。

一个十几岁的孩子准备掷出木柄手榴弹。他那乐不可支的教官，一名纳粹空军高级军官用手指向靶子。

一群少年伏在战壕里，练习看军用罗盘，他们
的教官密切注视着他们。

一些来自德国摩泽尔地区的人民冲
锋队队员学习如何操纵机枪。正在解说
机枪操作法的留小胡子的男人是左边那
个男孩的父亲。

老幼病残齐上阵

　　一个戴着眼镜、身穿希特勒青年团制服、制服上挂着人民冲锋队臂章的小伙子把一枚手榴弹塞进一个冲锋队队员的手枪套里。其他部队的士兵则拿着"铁拳"反坦克火箭筒和各式各样的过时步枪。

两个人民冲锋队的小伙子拖着过长的大衣，身上压着沉重的武器，一步一步迈向前线，一点也没想到前方等着他们的真实的战争有多么恐怖。

2. 左支右绌败局现

古德里安将军，这位 56 岁的坦克专家，7 月 20
日希特勒被刺事件后的新任陆军总司令部参
谋长，一向不问政治。方额大脸、身为普鲁
士人的古德里安是个一丝不苟的军人，就像在战争早期
他所指挥的那些坦克一样，直来直去，战斗力强。他任
新职后，其正直斗士的本色依然不减，有人说他甚至比
从前更执拗了，但是现在他与之争斗的对象却多半是他
的总司令。

　　1944 年平安夜，古德里安来到希特勒设于黑森中
部的西线野战司令部鹰巢，他此行的任务就是让元首明
白，阿登进攻战已陷入泥潭，每一支具有战斗力的德国
部队都应该奔赴波兰和东普鲁士，苏联正在那一区域集
结最强大的兵力。照古德里安的看法，苏联的进攻如箭
在弦，一旦发动，对第三帝国来说便是生死攸关。古德
里安力劝希特勒，不但要将部队调出西线，还要调出挪
威和巴尔干地区。他还申请从库兰半岛（今拉脱维亚西
部地区）撤下舍尔纳将军的北方集团军群，波罗的海地
区的苏联波罗的海沿岸第 1 和第 2 方面军正虎视眈眈地
盯死北方集团军群。他解释说，如果拥有强大的装甲储
备，驻波兰和东普鲁士的德军便能大打机动战，这是他

苏联大炮在远处
隆隆作响，胆战心惊
的市民们带着细软逃
离东普鲁士的首府柯
尼斯堡。他们之所以
如此仓皇逃亡，是因
为他们听说，渐渐逼
来的红军奉了上司之
命，要对全体德国人
进行报复。

们生存的唯一机会。

希特勒听着古德里安——列举他对敌军力量的估计：步兵，苏联以 11 ∶ 1 占优；坦克，7 ∶ 1；火炮，12 ∶ 1。即使再加上从其他地区调回的部队，德国面临的形势也相当恶劣。但是希特勒既不肯相信这些数字，也不愿听从古德里安的急切劝告。所谓军队集结，他宣称，不过是"自成吉思汗以来最大的骗局"。

古德里安固执己见，但元首一点也听不进去。这位总参谋长还记得不久前一次类似的会议上希特勒夸下的海口："我绝对不需要你来教训。5 年来，我一直指挥德国军队奋战沙场，我从中获得的实战经验是任何一个总参谋部的'绅士'都会梦寐以求的。"在鹰巢的平安夜大宴上，希姆莱也随声附和他的领袖。"那些数字过分夸大了，"这位党卫队首脑郑重地告诉古德里安，"我相信，东部什么事也没有。"

事态的发展其实正如古德里安所担心的那样。几个月来，苏联最高统帅部大本营一直在策划，充分利用红军在人数和装备上的压倒性优势发动一场冬季攻势。这场横扫千军的大战役的战场定在波兰中部，华沙和喀尔巴阡山脉之间 180 英里宽的冰海雪原。镇守这一带防线的是哈珀将军统领的 A 集团军群。

苏军计划从三个桥头堡进攻，这三个桥头堡均位于维斯瓦河两岸，是苏军去年夏季建立的：一个位于巴拉努夫，45 英里宽，由科涅夫元帅统领乌克兰第 1

1945 年冬天，陆军总参谋长古德里安匆匆走入德国总理府。因为希特勒要求每日两次听取有关东线战区的战况汇报，古德里安便每天往返于佐森的陆军总司令部和柏林之间，路上常常要花上 3 个小时。

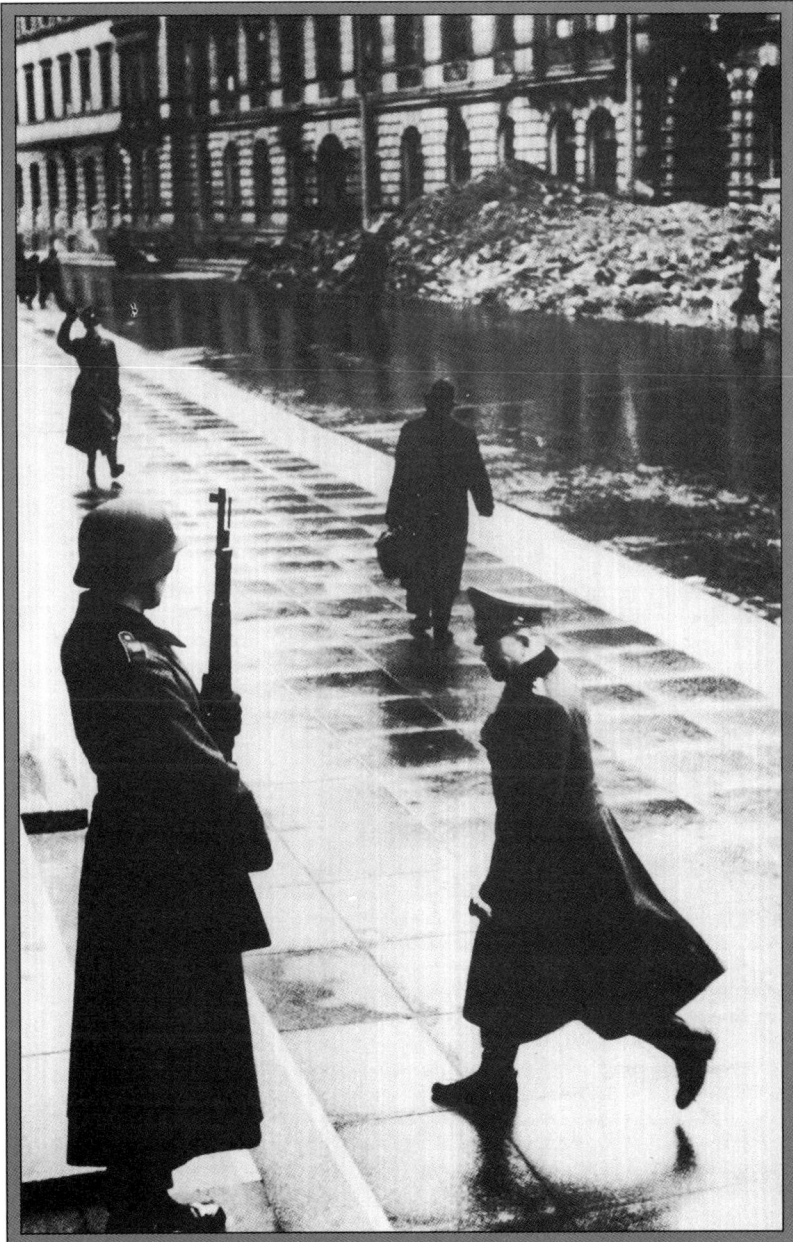

方面军驻守；另两个小一些的在北面的普瓦维和马格纳斯泽乌，由朱可夫元帅的白俄罗斯第1方面军驻守。从巴拉努夫发起冲锋后，科涅夫打算将他的军队一分为二，一翼派往西北方助朱可夫收拾凯尔采和拉多姆两城，另一翼深入西南，直扑克拉科夫和上西里西亚。朱可夫驻普瓦维的部队将进军罗兹，驻马格纳斯泽乌的部队则攻打库特诺和华沙。待完成首要的战斗任务后，两支方面军将合为一股，直奔奥德河和柏林。如果一切照计划进行，最高统帅部大本营估计这场大攻势可让战争在 45 天内结束。

苏联的工兵们早在 9 月就已开始为维斯瓦－奥德战役大兴土木了：他们将波兰东部的铁路按俄国铁路的轨距加宽，修筑通往前线阵地的双行道路。到 1945 年 1 月初，科涅夫和朱可夫的联合部队就已集结了总共 220 万士兵、6400 辆坦克和突击炮以及 46000 门大炮。相比之下，哈珀将军的 A 集团军群（由德国第 9、第 17 和第 4 装甲集团军组成）只有区区 40 万人、4100 门大炮、1150 辆坦克和突击炮——几乎同古德里安的情报所估计的一样众寡悬殊。

最高统帅部大本营计划再从两翼发起第二次进攻，为主力进军柏林助战。在南翼，匈牙利境内的喀尔巴阡山脉以南，苏军已经同沃勒将军的南方集团军群在布达佩斯周围展开激战，12 月 26 日红军包围了布达佩斯。在北翼，波兰北部和东普鲁士，最高统帅部大本营计划

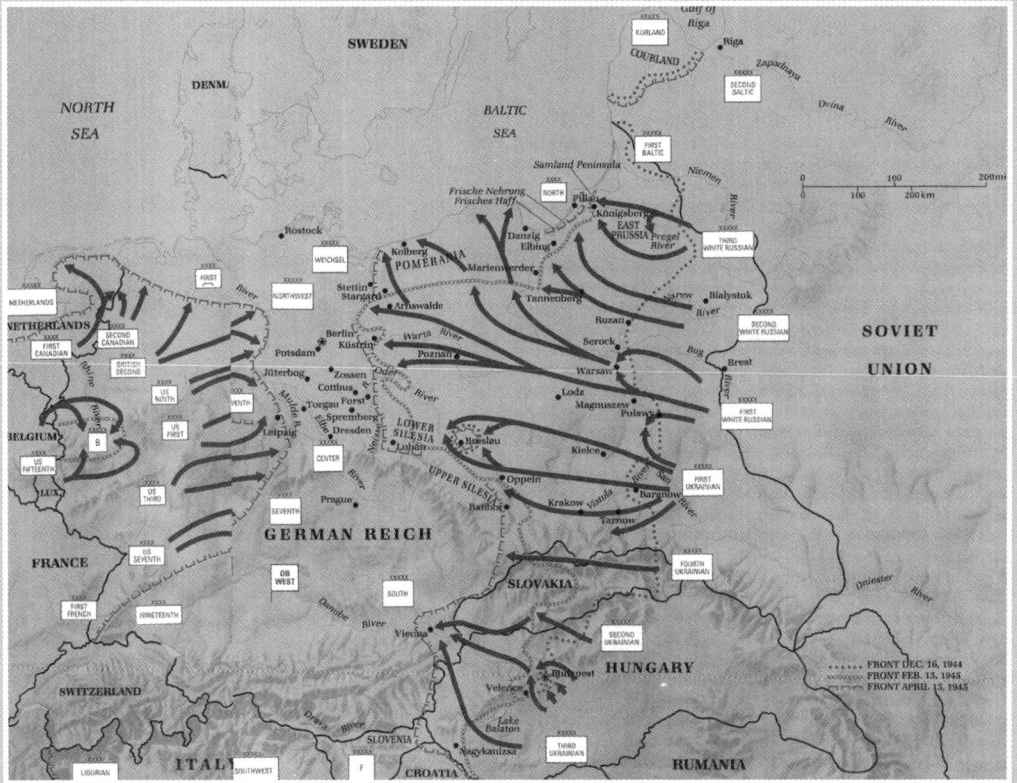

1945 年 1 月初，红军完成了开战以来最大的一次兵力集结，一切准备就绪，只待战役打响，便可一路直奔奥德河与尼斯河，最终攻打柏林。苏军的第一击，目标是波兰的哈珀将军的 A 集团军群。他们从维斯瓦河上的三个桥头堡出击：科涅夫元帅的乌克兰第 1 方面军由巴拉努夫出击，朱可夫的白俄罗斯第 1 方面军由普瓦维和马格纳斯泽乌出击。

北边有白俄罗斯第 2、第 3 方面军发起助攻，将莱因哈特的中央集团军群困在东普鲁士。苏联在波罗的海一带的军队已经把北方集团军群卡死在了库兰半岛上。南部，喀尔巴阡山脉下，沃勒将军的南方集团军群企图冲破布达佩斯周围的红军包围圈，但红军打退了他们的进攻，然后又朝维也纳和奥地利中部攻去。

77

瓦解，孤立莱因哈特将军的中央集团军群。莱因哈特的
防线从东北的库兰海湾蜿蜒南下，直至华沙上方。罗科
索夫斯基将军的白俄罗斯第 2 方面军将从纳雷夫河上位
于塞罗茨克和鲁然的桥头堡发起冲锋，攻打西北方的第
4 和第 2 集团军，然后从但泽两侧飞抵波罗的海海岸。
在罗科索夫斯基的右边是由切尔尼亚霍夫斯基将军率领
的白俄罗斯第 3 方面军，他们将从普列格尔河上的基地
往南进攻，然后攻打东普鲁士的古都柯尼斯堡，将第 3
装甲集团军同中央集团军群的其他部队隔开，同时又将
第 4 集团军封锁在马祖里湖区。

　　罗科索夫斯基和切尔尼亚霍夫斯基两人总共统率了
170 万大军，比莱因哈特的兵力多将近 3 倍。苏军拥有
3300 辆坦克和突击炮，28000 门大炮以及巨大的燃油和
弹药储备，在机动性和火力上更是占尽了上风。

　　正当苏联完成最后的兵力部署之时，古德里安又两
度造访鹰巢。在元旦去见希特勒之前，他逼着西线战区
总司令、陆军元帅伦德斯泰特应允了拨出 4 个师调往波
兰和东普鲁士。但希特勒将了他一军，命令这些部队前
往匈牙利。古德里安料到了俄军的攻势，于 1 月 9 日请
求将 A 集团军群和中央集团军群回撤数英里，以缩短
防线，并且他再次恳求增援。对这两个请求，希特勒都
是一口回绝。他厉声喝道，给陆军总司令部做情报报告
的人，不管是谁，统统都该关进疯人院。

　　斯大林原计划 1 月 20 日发动攻势。但英国首相丘

吉尔力劝他早日行动，以缓解西线的压力。于是苏联领导人便把日期提前到1月12日。为了让德国人手忙脚乱、应接不暇，俄军将以一连串的进攻打响战役。首先由战区南端的科涅夫进攻，接着切尔尼亚霍夫斯基从北端发兵，最后是朱可夫和罗科索夫斯基出击。

1月12日清晨，寒冷、多云，气温只有几度，满天大雾，飞机无法起飞。黎明前，巴拉努夫桥头堡的大炮以每英里420门的密度摆出集合阵式，朝预定目标开火了。第4装甲集团军被打了个措手不及。德国人一直以为俄军要等雾散云开、苏联空军可以空中支援之后才会开战。

雷霆般的连番轰炸切断了德国的通讯网，将3个步兵师防守的防御工事炸开了一个个巨大的窟窿。炮轰3小时后，苏联步兵出击了，几乎当即就击溃了守军。到了中午，苏联坦克隆隆开进德军的后方，在防线后15英里处击溃了第4装甲集团军的机动后备部队，这两支来自内林将军的第24装甲军的装甲师甚至还来不及部署坦克。

到第二天傍晚，乌克兰第1方面军已拉开36英里宽的战线，推进深度多达24英里。第4装甲集团军土崩瓦解。其第68装甲军的余部往西南溃退，要退到克拉科夫与第17集团军会合，而这时内林的两支七零八落的装甲师也带着他的步兵部队掉队的人马跟跟跄跄跑回凯尔采。在凯尔采，内林的人马与雷克纳格尔将军饱受打击的第 42 军残部会合。

第二天，1 月 14 日，朱可夫元帅的白俄罗斯第 1 方面军从马格纳斯泽乌和普瓦维的桥头堡蜂拥而出。冯·吕特维茨将军的第 9 集团军做好了准备，他们对其右翼逐渐现形的大祸早有警觉。然而要对付狂猛的苏联攻势，他们的准备简直不值一提。单说马格纳斯泽乌，在刚够 15 英里宽、7 英里深的地域，俄军就集结了 40 万人。

同科涅夫一样，朱可夫也用大规模炮轰来发起进攻。他的步兵和装甲部队将挡道的两个军和另一军的部分兵力打得落花流水、四分五裂。15 日苏军夺取了普瓦维以西 35 英里处的第 9 集团军主要军需基地拉多姆，而朱可夫的南翼部队与科涅夫的北翼部队合为一股，将内林的装甲军和雷克纳格尔的步兵军残部赶出了凯尔采－拉多姆走廊。

朱可夫的北翼军群，以排山倒海之势一路奔驰，最后包围了华沙。德军驻华沙部队司令于 17 日下令弃城撤退。同一天，白俄罗斯第 1 方面军旗下波兰第 1 集团军的战士们解放了他们饱受战火蹂躏的首都。与此同时，南翼的乌克兰第 1 方面军也在势不可挡地冲向前方。科涅夫的先头部队以 160 英里宽的阵线推进 100 英里，跨过了瓦尔塔河。1 月 19 日，克拉科夫失守。

然而，北翼的助攻战打得却并不顺利。恶劣天气给波兰南部的科涅夫助了一臂之力，却在东普鲁士北部拖了切尔尼亚霍夫斯基将军的后腿。当 1 月 13 日早晨白俄罗斯第 3 方面军的大炮开始轰击时，苏联的炮手并不知道劳斯将军的第 3 装甲集团军已经放弃了前沿阵地。切尔尼亚霍夫斯基部队的进攻遇到了敌军抵抗，所获甚微。拉锯战进行了好几天，其间城镇几易其手，最后，1 月 18 日，俄国人终于夺到了重要的战利品提尔西特（苏维埃茨克）。

在切尔尼亚霍夫斯基南翼，罗科索夫斯基将军的进程也非常艰难。1 月 14 日白俄罗斯第 2 方面军从纳雷夫河的桥头堡发起冲锋。但伦德斯泰特将中央集团军群的后备部队——第 7 装甲师和精锐的装甲步兵师投入战场，加强了德军的防守力量。

希特勒误以为这一时的胜利表明苏联在东普鲁士的攻势受到了遏制。他不听古德里安之劝，剥夺了伦德斯泰特对冯·绍肯中将的大德意志装甲军的管辖权，命令这两个师前往 A 集团军群的战区，帮助镇守华沙以南 100 英里处的凯尔采。但凯尔采已经落入苏联之手。

罗科索夫斯基趁着东普鲁士防守空虚之时将两个坦克军调入自己的进攻部队中。由于连日放晴，苏联战机可以升空作战，白俄罗斯第 2 方面军重振往日雄风。而德国第 2 集团军，在波罗的海海军基地的水兵、纳粹空军的地面工作人员和人民冲锋队队员加盟之后，也拼命防守阵地。到 18 日，罗科索夫斯基已在 70 英里宽的阵线上推进了 40 英里。21 日他的军队冲入坦能堡，这是陆军元帅兴登堡 1914 年大败俄军的旧址。德军逃走前，

匆忙从陵墓里移出他们伟大的一战英烈及其夫人的遗体，然后毁掉了纪念碑。

处于苏军前进道路上的德国老百姓，如今尝到了战争的恐怖滋味，这是他们迄今为止从未有过的体验。在战斗打响之前军队指挥官们曾经请求撤出老百姓，但希特勒一口拒绝，斥之为失败主义。他还通过他的私人秘书鲍曼之口，向各大区领袖下令，不准他的臣民踏出家门。而苏联呢，指挥部一连几个月都在部队思想会议上高唱复仇之调，提醒红军牢牢记住德军对苏联人民干下的暴行。前面是复仇者的强烈憎恨，后面是希特勒的绝不妥协，德国老百姓夹在了其中，成千上万死去。

周身裹满御寒衣物的德国士兵将马匹套上雪橇，准备后撤。这是 1945 年 1 月中旬，波兰中部的 A 集团军群正在为自己的生存而拼死战斗。

安东·里斯是波兰被吞并的瓦尔塔地区一个村子的副村长。1月18日夜里，他吃惊地发现一个德军军官倒在他屋旁的沟里。当里斯问他是否是从前线来的，军官鼻子一哼："前线！前线！全完了。我们那一连就剩下我一人了。其余的全死光了。整个团啊——全没了。我钻进林子里，跑了。"军官下面那句话让里斯浑身一颤："几个小时后，伊凡大兵们就要到了。"

里斯向本地的长官电话报告了这个消息，但得到的答复只是一通教训。长官告诉他，那军官是个叛徒，应该逮捕，余事不必操心。里斯正打着电话，就有两个头戴毛皮帽、身穿灰棕色制服的人冲进了房间。他还来不及开口，其中一人就用手枪向他射击。苏联士兵随后抢走了他的戒指和手表，砸了电话。屋外充斥着炮声、破门声、女人们惊恐的尖叫声。

战斗打响两周后，苏联战车就已隆隆驶进波兰的大部分地区和东普鲁士的核心区域，但柯尼斯堡周围地区却是一个例外，中央集团军群的残部在那里顽强抵抗。如布雷斯劳、波兹南一类的孤城独堡也在继续抵抗，但随着苏军的不断推进，德国各集团军群之间的联系渐渐中断。苏军许诺厚奖第一个抵达奥德河地区的部队，苏军在此许诺刺激之下全力西行，每日可走12～20英里。到了进攻战的第二周，德军被俘人数竟是第一周的3倍有余，从25000人升至86000人。在一些地方，苏军进兵神速，德军甚至都没时间逃跑。当1月23日夜俄军坦克隆隆开进波罗的海附近的埃尔宾城的街道时，商店依然顾客盈门，而工厂的大烟囱仍是烟雾滚滚，这并不是战火在肆虐，而是工厂在开工。

苏军展开攻势后不久，古德里安又一次强烈要求增援。"A 集团军群的形势已经非常严峻，"1 月 15 日他致电希特勒，"上西里西亚的工业区面临严重威胁。"元首看到了事态的严重，于是将他的野战司令部从鹰巢搬到了柏林帝国总理府旧址的地堡。他还命令西线战区的部队继续抵抗，但依然只给极少量的增援。听说其核心为 4 个党卫队装甲师的党卫队第 6 装甲集团军调离西线战区，古德里安兴高采烈，接着当他得知这支威力巨大的军队要去匈牙利，而不是波兰时，情绪便一落千丈了。当他向希特勒提出异议时，后者给他上了一堂有关匈牙利油田如何具有经济重要性的大课。希特勒认为匈牙利油田是整个东线战区最具战略重要性的地区。

古德里安再次乞求希特勒，将舍尔纳将军的北方集团军群从库兰调到波兰，回答还是不。希特勒没派去舍尔纳的 30 个师，而是派去了舍尔纳本人，去接替哈珀任 A 集团军群的司令。舍尔纳是个忠诚的纳粹党党员，也是元首最看重的将军之一。

此刻的希特勒每日都在侦查不忠不从的迹象。1 月 17 日，当他听到华沙驻军无视他的明确指令弃城而去时，又一次雷霆大怒。"现在希特勒怒不可遏，"古德里安在他的回忆录里写到，"目前形势全面恶化，他毫

不知情也毫不关心，一心只想着华沙失陷之灾。"随后
几天里他整日追查、惩罚有关责任人，迫害的焦点瞄准
了处理撤退事宜的总参谋部军官。古德里安激动地争辩
说，承担责任的应该是他这个参谋长，而不是他的属下。
但希特勒的满腔怒火全发在陆军总司令参谋官身上，他
对他们早就不信任了。他大为光火地说，那是"不可饶
恕的，一群知识分子居然敢把他们的想法强加于他们上
司身上"。他下令逮捕古德里安亲近的 3 个副手，并命
古德里安接受长时间的审问。

华沙危机后，希特勒严格限制了他的陆军将领的权
限。从那时起，下至师级的每一个指挥官每做出一个决
定，不管是进攻、部队开拔、撤出战场，还是投降，都
要提前报告元首的司令部，以便希特勒可以在他认为需
要时干预。指挥官必须报告百分之百的"纯粹事实"，
任何叛离行径，无论有意无意，一律"严惩不贷"。

就在这道命令发布之时，有一位指挥官正打算抗命
不遵。中央集团军群司令莱因哈特旗下由霍斯巴赫将军
领导的第 4 集团军被苏军围困在纳雷夫河湾。莱因哈特
一再请求让霍斯巴赫伺机突围，但每一次都遭到拒绝。
莱因哈特的参谋长在日记中写到，希特勒的答复"来得
快，基本不在点上，而且不加体谅"。

莱因哈特还在犹豫该不该抗命，霍斯巴赫就已走在
了前头，他派出部队打开了堵在前往波罗的海海岸路上
的红军包围圈，干净利落地违了命。当希特勒得知事情

经过后，他斥责莱因哈特和霍斯巴赫叛国，并将他们撤职。1月27日，希特勒任命伦杜利克将军为中央集团军群的新统帅，而此前，他已接替舍尔纳成为驻库兰德军的总司令。

1月末，希特勒终于听从了古德里安的呼吁：他命令从库兰调出5个师，从西线调出几个师，增援维斯瓦河和奥德河之间的战场。这些部队中有第21装甲师，冯·勒克上校的第125团隶属其中。勒克的手下全是一些屡经战火磨炼的老兵，他们自诺曼底登陆以来就一直驰骋沙场。在他们踏上火车之前，他发表了一通简短的讲话。他要他们明白现在是为什么而战，因为这时几乎

1945年1月乌克兰第1方面军的士兵占领了格莱维茨，这是上西里西亚（今天的波兰）的一个工业城市。相对而言，这里没有遭到盟军狂轰滥炸。当俄国人进城时，这一地区的工厂还在运转，因为德国人拼命要挤出最后一批产品。

是败局已定了。勒克解释，他们要去的地方是奥德河上的屈斯特林古堡，它位于柏林以东 40 英里处，苏军正朝那儿一路狂奔。"那将是我们的最后一战，"勒克告诉他的士兵，"忘掉所有那些口号吧，什么'帝国万岁'，什么'最后的胜利一定属于我们'。从现在开始，我们只是为生存而战，为我们的家乡、妻子、母亲、儿女而战，如果我们不去拯救，他们面临的灾难我们谁也无法想象。"

当勒克这一团抵达新驻地时，朱可夫的白俄罗斯第 1 方面军从屈斯特林北跨过奥德河，到达南面 18 英里处的奥德河畔法兰克福。再往南，科涅夫的乌克兰第 1 方面军正横扫上西里西亚地区里第三帝国最后的大工业城市，他们特意留出了一个撤退的通道，好让第 17 集团军可以逃去，从而避免兵械相斗，破坏宝贵的矿山和工厂。科涅夫的部队在开往西里西亚途中，发现并解放了臭名昭著的奥斯维辛死亡集中营。

在交战区的北端，白俄罗斯第 3 方面军于 1 月底抵达波罗的海，封锁了柯尼斯堡。霍斯巴赫的第 4 集团军撤走，使东普鲁士的大部分地区无人把守。第 3 装甲集团军完全溃散，它旗下一些部队在柯尼斯堡西边的泽姆兰半岛重新编组。其他部队退入城中。在西南方，苏军从一旁绕过波兹南，包围了这座要塞。波兹南由 1 万名德军驻守，其中有 2000 人是当地军事学院的学员。

到 2 月的第一周时，乌克兰第 1 方面军和白俄罗斯

在撤退途中短休时，自行突击炮的操作手和两名身穿雪地伪装
服的装甲步兵分享热饮。装甲步兵还戴着异色臂章，好与俄国人区
分开来，因为俄军也穿着类似的冬季军服。

第 1 方面军已推进了 250 英里，沿奥德河建立了一条 300 英里的 Z 字形战线。在波罗的海地区，白俄罗斯第 3 方面军已攻占了东普鲁士的大部分区域，而白俄罗斯第 2 方面军也直抵西普鲁士的南端。

1 月 26 日，希特勒决定在东部成立一支新的集团军群，并重新命名其他的东线部队。新的维斯瓦集团军群由第 2、第 9 和第 3 装甲集团军，外加人民冲锋队的人马组成，他们要对付的敌人是朝柏林和德国北部开来的苏军。伦杜利克的中央集团军群变成了北方集团军群，舍尔纳的 A 集团军群变成了中央集团军群。然而，比名称更替更值得关注的，是元首为新集团军群挑选的领军人——海因里希·希姆莱。

这个选择令古德里安大为惊骇，他一向嘲笑希姆莱是个军事白痴。"我拼出老命来反对，"古德里安后来写到，"竭力要阻止他们在倒霉的东线战区犯下如此愚蠢的大错。"希姆莱不但缺乏作战经验，他其它工作也太多，其工作包括管理党卫队、后备军，训练人民冲锋队等。

1 月末，希姆莱乘着他的私人火车来到了波兹南北去 60 英里的德意志克罗恩，维斯瓦集团军群的司令部所在地。他缺乏团队，通讯设施不足，却有一个近乎不可能完成的任务：保住德军剩下的北部战区阵地，阻止苏军进入波美拉尼亚和西普鲁士。希姆莱走的第一步差强人意。他下令德军撤出几个小城要塞，导致几个桥头堡失守，如果要发动反攻，这几个桥头堡可是非常有

用的。接着他下令解救一个据说是落入苏军之手的镇子——只是那儿并没有什么苏军。

这时古德里安与希特勒的关系岌岌可危。古德里安相信，一面与英美达成停战协议，一面与苏联继续作战，那才是德国的光明正道。他向外交部部长里宾特洛甫提出建议，两人去找希特勒商量这个主意。里宾特洛甫回绝了。

2月初，古德里安力劝希特勒从库兰、意大利和巴尔干地区撤出军队，派往东线，最后拼死一搏。"并不是我冥顽不灵，"他争辩说，"我向你保证，我的所作所为只是为了德国利益。"希特勒暴跳如雷，气得浑身发抖："你居然敢这样跟我说话！"他大叫："你不觉得我也是在为德国而战吗？我这一生都在为德国苦苦奋斗。"待戈林把古德里安拉出门去安抚，这场争吵才告结束。

与此同时，困在柯尼斯堡里的老百姓正忍受着炮弹横飞、飞机狂轰、谣言四起、物质短缺等种种痛苦，平静的间隙是少之又少。在该城一家军医院工作的军医冯·莱恩多夫医生在围城期间保持了记日记的习惯。他写到，居民们谈起氰化物来，口气"轻松、冷静，就像在谈论食物一般"。他看到撤退德军士兵边走边开火，而一旁却有女人在清扫门道。"突击炮嘎吱作响，就像乡村市集上的摇奖机一样，"他写到，"但要真正领悟到现实的残酷，还真不容易。"

2月第一周的末尾，苏军稍稍减弱了进攻的势头。冰雪融化，道路因而泥泞不堪，给苏军的长途供给增加

一队苏联自行突击炮隆隆驶过东普鲁士的一个小镇，朝弗里斯哈夫而去。一片狼藉的街上横卧着几具德军尸体，其中一具尸体被西行的俄军坦克压进了车辙里。

了不少困难。科涅夫和朱可夫军中的先头部队此时已在他们的军需库前方 300 英里处。朱可夫下令巩固已攻下的阵地，储存燃料和弹药，奥德河战线于是平静了下来。希姆莱写信告诉古德里安，说天气转变是"命运的礼物"。舍尔纳将军将他那被重新命名的中央集团军群抽出，转往一条暂时平静的战线，即从喀尔巴阡山脉到尼斯河和奥德河绵延 300 英里的战线。希姆莱竭力寻找发起反攻的力量。

然而，在波兹南周围，苏军的巨钳渐渐卡紧。2 月 16 日夜，人数本来不多的守军中又有部分人逃了出来，排成一列偷偷溜进敌军阵地。继续坚守了 5 天之后，守城部队的指挥官戈内尔少校请求希姆莱准许他带着剩下的人突围。戈内尔没有收到任何答复，于是便召集下属军官，通知他们各自逃生。接着他回到自己的住处，在一面万字军旗上躺下，开枪自杀了。

冰雪融化以及苏军供给线拉得过长，也让北部战区的德军受益匪浅。第 3 集团军（新名为泽姆兰特遣集团军）的一个军，冲破了苏军在柯尼斯堡布下的包围圈，打通了一条通往泽姆兰半岛的窄窄的生命线。第 2 集团军将白俄罗斯第 2 方面军拖在了波美拉尼亚，而第 9 集团军的一次突袭，给屈斯特林城中被围的守军打开了一个通道。第 9 集团军的先头部队正是冯·勒克上校领导的第 125 团。他们刚下东行的火车便投入了战斗。士兵们看到为他们助攻的是纳粹空军的斯图卡式俯冲轰炸机

时，竟一片欢腾，这是几个月来他们看见的第一架自己
的飞机。

不过，在南部战区，科涅夫的乌克兰第 1 方面军却
攻势不减。科涅夫的 5 个集团军从施泰瑙的一个桥头堡
发起冲锋，包围了布雷斯劳，此时城中有 35000 守军和
116000 平民。4 天后，苏军在格洛高（格沃古夫）俘获
了近 12000 士兵和平民，推进到了尼斯河畔。但是科涅
夫也遇到了供给不足的问题。2 月下旬，在勃兰登堡边
界上停止了进攻。

此时，从东普鲁士、西里西亚以及其他地方逃出来
的难民势如潮涌。残雪未消的道路上塞满了逃难的人群，
他们用背扛、用马车拉、用婴儿车装，带上一切可以带
上的东西。难民们步履蹒跚、衣着简陋、冻得半死——
1945 年的冬天是记载里最冷的一个冬天。单说东普鲁
士，到 2 月中旬，230 万居民中就有超过半数的人逃离
了家园。他们穿过柯尼斯堡以西被称为弗里施沙洲的长
长的沙嘴，在冰天雪地的维斯瓦三角洲艰难跋涉，一心
赶往但泽。在泽姆兰半岛南端的皮劳港里，他们挤在码
头上，叫喊着要求登上在港口排成队的转运船。苏联飞
机有时会攻击这些步履蹒跚的队伍，还有成千上万的人
死于寒冷、病痛，或者失足落入冰水里淹死。

一个德国军医路过维斯瓦山谷时，亲眼看见望不到
头的难民在冰雪淤泥中艰难跋涉。"他们的队伍简直是
在一步一步地挪动，"他写道，"许多人头上套着装土

豆的麻袋,只在眼睛部位挖了两只洞。"敞篷马车上,
孩子、老人和病人"藏在被雪打湿的草里,或是躺在湿
乎乎、沾满泥土的鸭绒床垫下。整个队伍异常沉默。马
蹄在雪地上踢踏作响,不时有一只轮子发出叽嘎叽嘎的
声音。道路堵得水泄不通,有一次我们甚至想横穿乡间,
沿野外小径前进。但即使是小路上也塞满了长途逃难的
人——这是一支无法形容、如鬼似魅的队伍,他们眼神
中有痛楚、有凄凉、有听天由命,也有难以言喻的孤苦
和哀怨。"

德国难民在随时
可能破碎的冰面上逃
亡。这块局部结冰的
弗里斯哈夫是一个 6
~ 11 英里宽的泻湖,
它将东普鲁士大陆与
但泽海湾隔开。许多
难民未及登上波罗的
海边等待着的转运
船,便中途毙了命。

有一个年轻女子在布雷斯劳被围城的前一刻逃了出
去,她在一封写给妈妈的信中按时间发生顺序记下了自

己一路所受的苦难。她只带着刚出世的女儿、牛奶和毯子，便加入了"成千上万的女人"组成的队伍。她们徒步走了近 10 英里，走到坎斯镇。在那儿，她写到："我第一次看到了死婴，被抛在沟里，甚至就抛在街头。我去敲人家的门，以为会有人让我为嘉比加热牛奶，但是我不走运。天冷得要命，风刮起来像冰一样，雪不停地下，我们吃不到一点热的东西。我想给嘉比哺乳，但她不吃，因为一切都太冷了。"

当这年轻女子总算躲进一家农舍，打开包着孩子的毯子时，孩子已经死了。"我把她好好包起来，深深埋进了路边的雪地里。"信接着写道，"我再也不能带着她了。嘉比在那儿不会孤单的，因为和我一起有成千上万个带着孩子的女人，她们都把死去的孩子埋进了路边的沟里。你知道的，她才 4 个月大。"

在但泽、皮劳及其他港口，形势一片混乱，弥漫着绝望的气息。在皮劳曾经有令，除带着孩子的父母或祖父母外，其余人一律不得登上转运船，不过这道命令很快便夭折了。几个上了船的人拼命把自己的小孩子抛给堤岸边发狂的亲朋好友。一些婴儿落入了水中，另外的则被陌生人抢去，借以上船。挤上了船并不等于得到了安全保证。盟军的飞机和潜水艇袭击了几艘船，几千人因而丧了命。

就连被派去执行鲍曼有关不准平民逃亡的政令的纳粹军官也加入了逃亡的行列。东普鲁士的省长科赫，曾经惩处了上百个逃亡者，这会儿也乘坐一条包租的破冰船逃往丹麦，船上还有他的车、皮箱、参谋、保镖和宠物猎狗。但泽－西普鲁士行政区的行政长官福斯特也乘着快艇逃之夭夭。

古德里安在 2 月间一直在研究形势图，他发现朱可夫的白俄罗斯第 1 方面军的各集团军冲在了最前头，把苏军其他的部队甩在了后面，此时已形成一个凸角，角尖朝着奥德河，其南北两翼暴露在外。他建议在其他苏军部队赶上合围之前，迅速分两头对其两翼进攻。然而希特勒选择单从北翼进攻，从波美拉尼亚的什切青旧城发兵，进攻代号为二至点。陆军总司令部开始全力拼凑

一个德国女人在布雷斯劳烈焰纷飞的街上奔来跑去，寻找藏身之所。布雷斯劳的守城部队给苏军造成了将近 6 万人的死伤，并且一直坚守到1945 年 5 月 6 日。

作战部队。德军计划在 30 英里宽的战线上以三股力量发起进攻。首先要解决的，是谁来指挥这场进攻战的问题。

二至点战役的战场位于希姆莱的维斯瓦集团军群所辖区域内，但古德里安不愿把这任务交给这位毫无军事才能的党卫队领袖。他想要他的第一副手温克将军来指挥这次行动。情报部门估计俄国人完全可以以每日 4 个师的速度在奥德河边积聚兵力，所以时日无多。又该和希特勒摊牌了，这一次是 2 月 13 日。

他们争论的第一个焦点是开战的时间。希特勒和希姆莱提出要把时间往后推，以便囤积更多的燃料和弹药。古德里安却坚持说他们等不起了。"我不允许你指责我想拖时间。"希特勒大声嚷道。接着，古德里安虽眼见希姆莱就在几步开外，仍然要求让温克来担任指挥，"不然的话，进攻战就没有打赢的希望"。古德里安的话让希特勒大为震怒，"帝国领袖完全有能力打一场进攻战"，他厉声喝道。古德里安反驳说，希姆莱既无经验，身边又无指挥作战的参谋。

希特勒脸涨得通红。他拳头紧握，气愤地踱来踱去，头上青筋直冒。"我不允许你对我说，帝国领袖没有履行职责的能力。"他怒道。在元首朝他大叫大嚷的时候，古德里安竭力保持冷静。希特勒劈头盖脸地骂了足足两个小时——随从们都说打那以后再也没见希特勒那么生气过——但古德里安毫不退让。突然，希特勒走到希姆莱面前站住脚，宣布："好吧，希姆莱，今晚温克将军

将到你的司令部去，他来负责
这场战役。"接着希特勒坐下
来，对古德里安笑了。"今天
总参谋长打赢了一仗。"他说。

第二天，在奥德河前线后
方 30 英里处的普伦茨劳，希
姆莱的新司令部里，温克和希
姆莱进行了一次丝毫也不友好
的会面。这位帝国领袖按一名
前线指挥官的标准来论，算是
过得相当舒适。会后，他躲进
附近一家诊所休息去了。他对
这场于 2 月 15 日发动的战役
最主要的贡献，便是在床上对
着属下发表了一通愚蠢的训
话："冲过泥浆！冲过雪地！
白天冲锋！夜晚冲锋！为解放
德国冲向前去！"

二至点行动需将大量部队
调集到一处，而德国的道路受
损严重，实在无法完成如此艰
巨的任务。就在进攻的前一天，
温克的部队到达的还不足一半，
而且那些到了的人也缺少弹药、

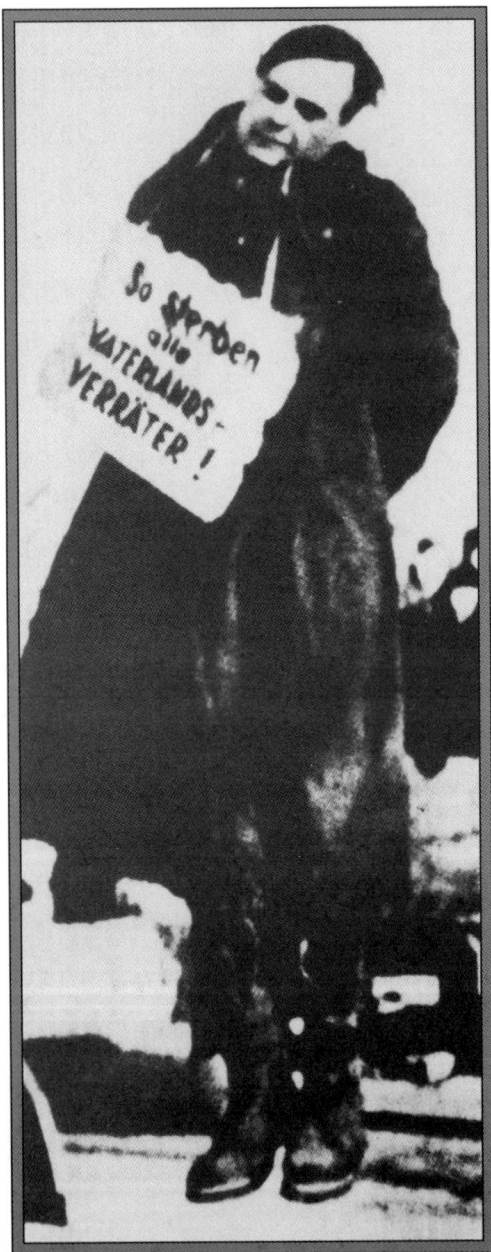

汽油和军需品。温克明白，就算进攻规模小，也比不进攻好，于是他不管三七二十一发起进攻，令新组建的党卫队第11装甲集团军南下，去解救困于阿恩斯瓦尔德（霍什奇诺）的一小股守城部队。中午刚过，德军就将他们的同伴解救了出来，还攻占了附近的佩里茨城。第二天，温克将更多的部队投入战斗，但由于空中支援和大炮协攻不足，德军没能夺下多少阵地。接着大雨倾盆，美丽的风景化为了一摊摊的烂泥，坦克无法上路，攻击力大减。然而2月17日夜才真是大难临头。那晚，温克在柏林开完会后返回驻地，途中，他替下精疲力竭的司机。结果温克开车时睡着了，车子撞上桥边护栏，他受伤严重，需入院治疗。二至点行动就地打了两天后，希姆莱从床上爬起来，下令"重组部队"。

一直在静候良机的朱可夫于2月19日开始全力反击，重新夺回阿恩斯瓦尔德镇，并且往北推进到距斯德丁不到12英里的位置，斯德丁位于下奥德河上的什切青旧城下方。两天后，希特勒下令停止二至点行动，将维斯瓦集团军群的3个师调入舍尔纳的中央集团军群。

一个德国士兵身上挂着写有"一切背叛祖国的人都将这样丧命"的牌子，吊在临时绞架下。他是按伦杜利克将军的法令被吊死的。伦杜利克勒令：凡撤退者均要当场审判，立即处死。

希姆莱的集团军群一战之下死伤严重，却没能攻下什么阵地，也没能夺取什么战术优势。德国人得到的唯一好处是心理上的：苏联最高统帅部大本营决定推迟对柏林的最后进军。科涅夫在尼斯河上的勃兰登堡前线勒马止步，而朱可夫则率领白俄罗斯第1方面军北上，偏

离通往德国首都的公路，罗科索夫斯基的白俄罗斯第 2
方面军则赶往但泽。

就在东线战区战火正炽之际，希特勒的注意力还
是基本放在匈牙利，这里提供的燃油占了第三帝国剩
余燃油的四分之三。3 月上旬，他发动了一次攻势，
乐观地取了个"春之觉醒"的代号，想夺取苏联和布
达佩斯西南的瑙杰考尼饶油田之间的一些地方，并重
新夺回 1 个月前失落的这座匈牙利都城。沃勒将军的
南方集团军群和乌克兰第 2、第 3 方面军激战了几周。
4 月 2 日，苏军摧毁了德军，夺下油田。11 天后，他
们占领了维也纳。

这时，古德里安正为苏联最高统帅部大本营于 2 月
下旬停止向柏林进军的举动大感疑惑。更让他不解的是，
3 月上旬朱可夫所向披靡的白俄罗斯第 1 方面军竟转而
往北，朝波罗的海奔去。朱可夫的目标是但泽以西 125
英里的科尔贝格（科沃布热格）。与此同时，罗科索夫
斯基的白俄罗斯第 2 方面军也朝海岸进发，欲插入紧贴
西普鲁士的第 2 装甲集团军与其右的第 3 装甲集团军之
间，将他们隔离开来。

科尔贝格对德国人民来说是勇抗外敌的象征。这座
濒海堡垒在腓特烈大帝的七年战争中挡住了俄国人，也
在 1807 年英勇地抗击了拿破仑。戈培尔的宣传部刚刚
放映了一部纪念这一事件的电影。3 月 4 日，朱可夫的
部队开到海岸，切断了这座著名城堡的出口，科尔贝格

再次被围。同一天朱可夫夺下什切青旧城，罗科索夫斯基的部队则向但泽海湾一路攻去。

希特勒要求德军来一次反攻。金策尔中将，这个取代劳斯成为第 3 装甲集团军司令的人，通过古德里安的副手回答说，元首是"纸上"谈兵。反攻绝无可能。现在就连低级将军也敢出语顶撞了。

金策尔把他的队伍回撤到奥德河入海口旁斯德丁的一个并不安全桥头堡，但很快，德军也不得不撤出这个地方。3 月 12 日，罗科索夫斯基攻入但泽的西北海岸。6 天后，科尔贝格的守军投降，不过在此之前，已有 8 万居民和难民在人民冲锋队的保护下从海上逃走。

再说 2 月间从西线过来的勒克上校，此时已率团从屈斯特林一带转往下西里西亚，加入到舍尔纳将军的中央集团军群中。正是这个时候，勒克第一次遭遇了刚成立不久的"飞行"战地临时军事法庭。该法庭授权巡视官员立即处决被控违命、诈病或逃亡的军人。勒克派一名士兵去后方开回一些刚修好的半履带式装甲车。事情安排妥当后，这位军士在客栈里吃起了晚餐。这时一个军法局长认出了他，指控他逃跑，然后一枪毙了他。当勒克打电话给司令部提出抗议时，人家告诉他这判决是他上级批准的。对于勒克来说，这是领导层陷入绝境的又一讯号。"有了飞行战地临时军事法庭，这场战争就赢不了，"他后来写到，"无穷无尽的标语口号，我们前线将士听在耳里简直就是嘲弄。"

不久，勒克就率团参与了一次争夺铁路道口的突袭战，该道口位于德累斯顿东 50 英里的卢班。经过一周激战，他们攻克了铁路枢纽站，夺回了几个村庄。这也让勒克第一次看到了俄罗斯的复仇：，房屋遭劫，百姓身亡。

希姆莱这东线战区的集团军群司令没做多长时间，在古德里安唆使下，3 月便宣告卸任。古德里安一连几天没听到希姆莱的半点消息，便主动去找他，却赫然发现希姆莱还缩在诊所里。古德里安此时的外交技巧受环境所迫也有所提高，他巧言道出，一个人承担了那么多旁务，也许该辞掉其中一个。当希姆莱回答说，元首绝对不会同意时，古德里安便提出亲自去办这事。出乎他的意料，3 月 20 日，元首竟然批准了这事。两

海因里希将军于 1945 年 3 月 20 日取代希姆莱成为维斯瓦集团军群司令，此时他正在视察部队。40 天后，他被解职，就因为在柏林以北的阵地战中，他撤下了他的部队，没让他们去送命。

天后接替希姆莱的海因里希将军出现在维斯瓦集团军群的司令部。希姆莱用滔滔不绝的自吹自擂来迎接他。最后一个电话终于让他住了嘴——这是他的一个将军来报告苏军又一次击破了防线。希姆莱把话筒递给海因里希。"现在你来指挥集团军群，"他说，"请务必正确发令。"

苏军下一步要干的就是清理上西里西亚工业区。德军打赢卢班进攻战，保证了西里西亚的工厂和柏林之间的铁路线畅通，但滞留后方的德国部队大部分都是由溃散部队的残余兵员、人民冲锋队和尚能行动的伤员混编而成。3月15日，科涅夫的乌克兰第1方面军发起攻击。他的军队在奥珀伦河两岸朝西南推进，从拉蒂博尔北出发时步伐还很缓慢，但17日两股进攻兵力合围第56装甲军后，他们便加快了进军速度。3天后，装甲军突围而出，但科涅夫仍然大军压上，舍尔纳最终于30日从拉蒂博尔撤出了他最后一批队伍。现在，上西里西亚，除布雷斯劳这座要塞之外，都成了苏联人的囊中之物。

红军推进人口稠密的西里西亚，老百姓闻风而逃，难民规模更甚于他们横扫东普鲁士的时候：在1944年初，西里西亚的德国人口达470万；而1945年4月，是62万。布雷斯劳，这座独力支撑的孤城，凭着由警察、飞行员、军校学员、一个师的新兵和人民冲锋队拼凑成的杂牌守城部队，一直顽抗到战争末期。

希特勒深知奥德河上朱可夫的部队是对柏林最严重的威胁，于是他在 3 月中旬发布一道命令，指示海因里希的维斯瓦集团军群的第 9 集团军将苏军赶出屈斯特林旁的桥头堡。3 月 22 日，朱可夫的白俄罗斯第 1 方面军赶在德军组织兵力之前发起攻击，再度包围了屈斯特林。两天后德军反攻失败，第 9 集团军司令巴斯将军和海因里希决定放弃反攻的打算。然而，希特勒却要求再次反击。但这次反攻仍未达到目的。3 月 29 日，俄军步兵向这座古代城堡似的屈斯特林要塞发起冲锋。守军指挥下令突围，然后便带着他剩下的些许人马逃跑了。

屈斯特林之战成了古德里安任总参谋部参谋长的最后一战。在 3 月 27 日的一次会议上，希特勒怒斥巴斯，责骂他没有对朱可夫的部队进行猛烈的炮轰。古德里安维护下属，指出巴斯只有有限的弹药。争论持续到第二天。当古德里安再次与希特勒辩驳时，元首把总参谋部和全体军官都骂了个狗血淋头。"他好像要扑到古德里安身上一样，"一个旁观者写到，"一时间，四周一片死寂，只听到粗重的呼吸声。"接着轮到古德里安爆发了。他大骂希特勒毫无将才，谴责他没能及早结束阿登战役，斥骂他抛弃德国东部的人民。希特勒突然命大家出去，只留下古德里安和最高统帅部长官凯特尔陆军元帅。接着，希特勒平静地宣布古德里安健康欠佳，需立即休病假 6 周。古德里安没有异议。

但泽于 3 月 30 日失守，拱手让出 1 万战俘、140 辆坦克和 45 具潜水艇。防守奥德河以东的前哨阵地现在已屈指可数：布雷斯劳、库兰半岛、但泽东的维斯瓦三角洲以及柯尼斯堡。

柯尼斯堡的 10 万老百姓明白，时间已经不多了。到 3 月底时，苏联部队已从东、南和西南三面向城中推进。低飞的飞机上喇叭轰响："人民冲锋队的队员们，回家去！我们不会伤害你们这些老爹的。扔掉步枪吧。"城中居民的情绪也由悲观变成了认命。冯·莱恩多夫医生当时正在一家军医院做外科大夫，他及时记录下了城里的生活状态。他觉察出一股"明显的末日临近的气氛"。他去另一家医院拜访时，发现那儿的医生餐厅里陈列着一张丘吉尔肖像，医生们正在学俄语。

"4 月 3 日天色尚早，我在三楼的房间里开始觉得极不舒服，因为炮声隆隆，一刻也不停，"他在日记中写到，"我将我所有的东西差不多都搬下了楼。1 个小时后，我们正在动手术，一大堆小炮弹在我们头上炸响。我跑进院子，看见三楼穿了一个大洞。唯一一颗打中了的炮弹正好穿过我的窗户。"两天后，大炮轰城，整整一天没有停顿，"不见丝毫抵抗的痕迹"。城中心笼罩着一层"山也似的黑云，云中冒出一股股火焰"。莱恩多夫睡得极不安稳，噩梦连连。

华西列夫斯基将军，围困柯尼斯堡的白俄罗斯第 3 方面军的新任司令，决定动用手中所有的军备力量来攻

打城堡——他有 13.7 万人、2400 辆飞机、几百辆坦克，和德军称为"斯大林的喉舌"的多管火箭炮。华西列夫斯基的准备工作做得非常细致，他还以 1：3000 的比例造出了一个柯尼斯堡模型，模型上标出了炮台和防御据点。身穿老百姓衣服和德军制服的苏军特工混入城里。德国守城部队指挥官拉施中将手中有 3.5 万士兵，驻守着由碉堡、改筑成防御工事的建筑物和防御据点组成的防守工事网，但他明白这远远不够。他的上级，接替

柯尼斯堡满目疮痍的大街上，一个骑自行车的人驶近一辆废弃的德国装甲运兵车。拉施中将（小图）不愿见流血不止，便于 1945 年 4 月 9 日弃城投降。希特勒对他擅自投降大为震怒，下令判处他死刑，并将他的全家投入集中营。

霍斯巴赫任第 4 集团军司令的米勒中将，威胁说要向上报告他散布悲观情绪。

4 月 6 日，苏军从 8 个不同位置进攻柯尼斯堡的环城防御带。德军碉堡不是遭封锁，便是被摧毁，入夜时苏军攻进了城里。拉施请求将部队和老百姓尽可能撤入泽姆兰半岛和皮劳，但米勒拒绝了。第二天，俄军切断了逃往皮劳的交通要道。4 月 7 日天气晴好，苏联空军趁着大好时光扔下了 550 吨炸弹，而步兵也在勇猛拼杀、步步逼进。

德军欲分成小股部队突破包围圈。4 月 8 日一支装甲步兵小分队在墓地里躲了一夜，但第二天黎明他们穿越水坝时暴露了行踪。"刹那间天地倒转、一片狼藉。"一个当时在场的少校写到。这些德国人在沼泽地里躲了一整天，眼睁睁地看着城里"浓烟滚滚、火光连天，大炮一次次地将城市狠狠撕裂"。

在柯尼斯堡城内，4 月 9 日下午，拉施在广播里作了最后一番通报："弹药已尽，储备被毁。"尽管一些困于一隅的零散德军还在拼死挣扎，守城部队指挥官却在当晚开始与苏军接洽，并于 10 日签署了投降书，俄国人用摄影机记录下了这一刻。得知拉施擅自投降，希特勒判处拉施死刑，并且下令逮捕了他的全家，其中包括一个担任营长的女婿。同时，希特勒也解除了米勒的兵权。

俄军杀进弗里施沙洲，把大炮对准了皮劳。这是德国在东普鲁士的最后一个堡垒。德国国防军顽强抵抗了

6 天，最后于 4 月 25 日投降。在柯尼斯堡战场，德军
总共有 4．2 万人战死，另外 9．2 万人被俘。有四分之
一的市民，即 2．5 万人，也被夺去了生命。

4 月 6 日，现任库兰集团军群指挥的伦杜利克将军
为了任命新职去面见希特勒。元首简直是面目全非，让
他大吃了一惊。离 56 岁生日还有两周，希特勒却已成
了一个弯腰驼背的老头。他左腿一瘸一拐，右手托着左
臂。然而同一天见到他的另一个将军却说，元首的狂热
丝毫不见消减。当海因里希将军警告说，维斯瓦集团军
群面对的俄军部队为数甚巨，恐怕会被其压垮时，希特
勒回答："我总是听到数字。我听不到任何有关军队内
在力量的报告。如果你的士兵充满了狂热的信念，他们
就会打赢这场战争。"

4 月 15 日，就在苏军发起向柏林的最后进军的前
一夜，希特勒发布了一道命令，断然宣称正开来的俄军
部队纯属子虚乌有，他恳求士兵为自己的家乡亲人而战。
"布尔什维主义将重蹈亚洲的覆辙，"他断言，"它将
在第三帝国的首都一败涂地。"

苏联的战略行动，一向由朱可夫居中协调，4 月上
旬最高统帅部大本营在莫斯科开会，又将其战略方案做
了改进，提出围攻柏林。现由索科洛夫斯基将军指挥的
白俄罗斯第 1 方面军需从屈斯特林向西进攻。拉开 20
英里宽的战线，他们必须在 15 天内抵达柏林和易北河
地区。科涅夫的乌克兰第 1 方面军则应从尼斯河上稍南

王牌师的末日

1945 年早春时节，大德意志师的命运就已是板上钉钉，不可挽回了。这支傲气十足的部队，曾经拥有2.1万人，在哈尔科夫和库尔斯克战役中声名鹊起，获得"德国人民的保镖"称号，而这时它被红军困在东普鲁士的海利根博尔城和但泽海湾的弗里斯哈夫之间，只剩下区区 4000 人了。

"3 月 24 日，俄国人进攻海利根博尔，"卡斯珀中卫回忆，"我清清楚楚记得那一天。那一天是我 30 岁生日。我参加了一场地狱舞会。"两天后，希特勒批准该师撤到泽姆兰半岛尖端的皮劳。精疲力竭的老兵们乘着大筏子和驳船驶过弗里斯哈夫，抵达皮劳。

但是皮劳并非避难所。不久，邻近的柯尼斯堡沦陷，俄国人从而可以将兵力调往泽姆兰。4 月 25 日，他们把大德意志师的残部赶进了弗里斯内霍罗恩，这是将但泽湾和弗里斯哈夫隔开的一个狭窄的沙嘴。残兵败将们在那儿一哄而散，一些人逃往西边，登上了转运船。真正回到德国的不超过 800 人，这些人回到德国后向美国和英国投降——只是最后还是被移交给苏军，因为按盟军协议，德军俘虏要交回与之战斗过的部队。

图为耸立在弗里斯哈夫上的山崖，大德意志师的士兵就攀在上面。"许多人匆忙将木板和防水容器扎成筏子，"卡斯珀中士后来解释说，"但大部分筏子做得都太粗糙。夜里我们听到了落水人的哭喊声。"

1945 年 3 月 27 日，大德意志师的指挥官洛伦茨少将指挥部下横渡弗里斯哈夫。为了躲避俄军的大炮和飞机，他们晚上进行横渡。

形容枯槁的士兵走下驳船踏上皮劳。德军被迫将他们的坦克、突击炮和重型装备通通丢在了弗里斯哈夫的对岸。

在皮劳，一个军官打出一面牌子，牌子指示刚到的军人前去以德国街道命名的集合点。一名士兵谈起他在泽姆兰半岛上度过的最后时日时说："每时每刻我们都面临死亡。"

位置往西和西北推进，穿过德累斯顿，朝易北河而去。
以上进攻战打响 4 天后，白俄罗斯第 2 方面军将从斯德
丁一带往西北进军，清理波美拉尼亚地区，抢在西欧盟
国之前抵达尚未攻占的波罗的海港口。

　　苏军在人力和武器上的巨大威力又一次展露出来：
苏军三个方面军总共有 250 万人，要对付的德军大致为
25 万。柏林的主要守军是巴斯将军率领的维斯瓦集团
军群第 9 集团军和现由冯·曼陀菲尔率领的第 3 装甲集
团军。这些部队从波罗的海一直延伸到尼斯河，沿奥德

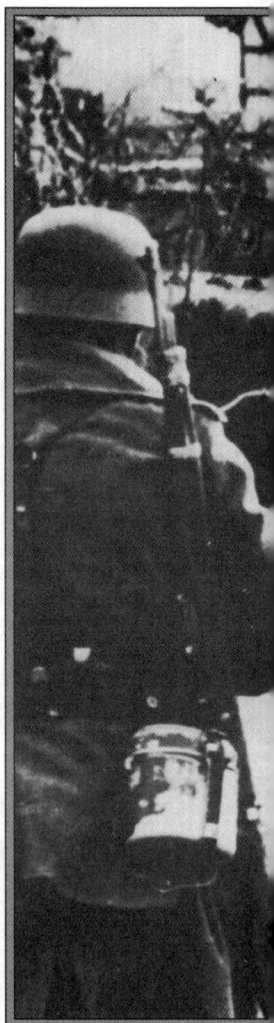

一辆装甲运兵车载满了第3装甲集团军的装甲步兵，从德军步兵身旁驶过，向斯德丁撤退。斯德丁是一个波罗的海港口，位于柏林东北80英里处。他们在斯德丁守护奥德河上的桥梁，并建立了50英里宽的桥头堡，以供德国东部的难民和军队撤往北面的中部。

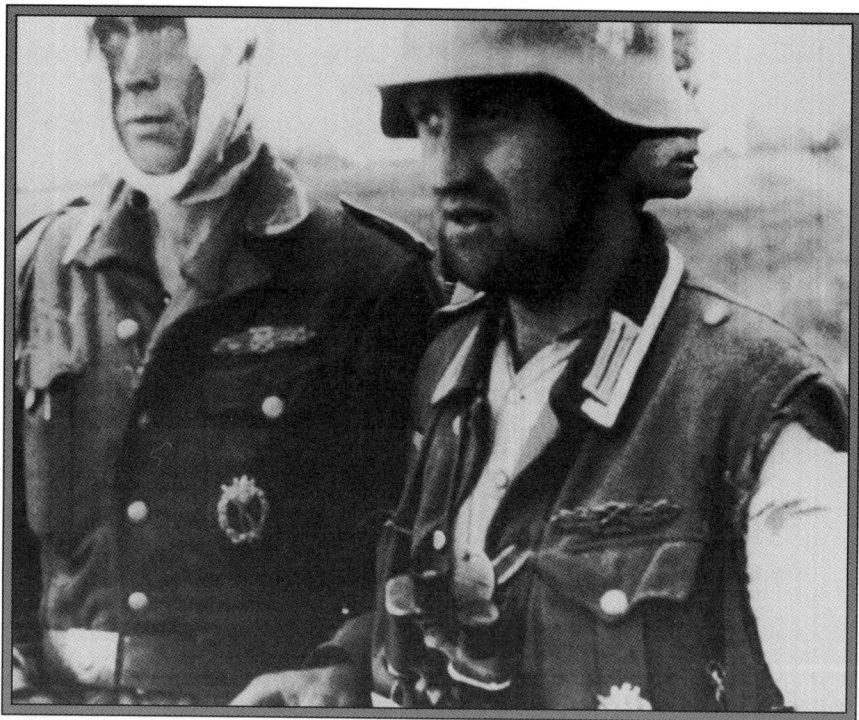

河布下防线。巴斯驻守柏林正东的防线，曼陀菲尔守北面的出口。巴斯有 14 个师、512 辆坦克和突击炮以及约 700 门大炮，要抗衡白俄罗斯第 1 方面军的 85 个师、300 辆坦克和突击炮以及 1.7 万门大炮。

希特勒匪夷所思地认定苏联会从奥地利发起最后的攻势，于是他将维斯瓦集团军群的 3 支装甲师派往南方。不仅如此，他还防患于未然，分别任命了德国南部和北部的总司令，这样就不怕敌军将德国一分为二——北方是海军上将邓尼茨，南方是陆军元帅凯塞林。

苏军的备战工作包括架设 25 座桥梁和安装 143 个

受伤的步兵沿但泽湾往西艰苦跋涉。少量德军在弗里斯内霍罗恩上一直坚守到战争结束，其中就包括这些面容狰狞的老兵。

114

探照灯。探照灯沿阵地前沿安放，当中间隔为 500 码，光柱与地面齐平。如果在黎明前进攻，它应该可以将防守一方照得头晕目眩。炮兵则在练习夜间开炮，提高命中率，预备在双方战线过于接近的战场上作战。

4 月 15 日晚些时候，德军亦巩固了他们布在屈斯特林前沿阵地后方 5 英里的塞洛高地上的主要防线。而俄军则在检查武器，听他们的政委作战前演讲。早上 5 点，一阵猛烈的炮轰宣布战斗打响了。20 分钟过后，探照灯打开，步兵冲上阵地。结果，这些灯光不但没帮上忙，反而成了障碍——在漫天烟雾、尘埃中，光柱只制造出一片刺目的光芒。更糟的是，光柱还帮德国炮兵映出了进攻部队的身影。在密集的炮火下，第一股进攻力量在离塞洛高地不远处的沼泽地带陷入了困境。

俄国人从第一次进攻所俘虏的德国人那儿探知了前方激战的一点线索。俘虏声称，德国军官接到命令，企图撤退者一律击毙。由纳粹空军的地勤兵、人民冲锋队和希特勒青年团临时凑成的部队挡住了红军的冲锋，将塞洛高地一直坚守到第二天。

科涅夫的乌克兰第 1 方面军则要轻松多了。三支集团军在福斯特和穆斯考之间跨过尼斯河，在德军阵地上迅速切出一个 6 英里宽的口子。4 月 18 日，苏军抵达距柏林东南 70 英里的科特布斯和 90 英里的施普伦贝格的城外，在舍尔纳的中央集团军群和海因里希

的维斯瓦集团军群之间钻出一个洞。冯·勒克此时正
指挥一支战斗小组，参加科特布斯附近的进攻战。勒
克的部队受到了重创，但当他命令部下往后撤时，接
到了上级将军一个怒气冲冲的电话。"把你放在哪儿，
你就必须在哪儿作战。"将军毫不通融。勒克再也不
愿听从狂热的命令，于是便这么告诉将军。第二天，
他的战斗小组和第9集团军的大部几乎都陷入了重围。
勒克自己也沦为俘虏。

这时，科涅夫的乌克兰第1方面军转而向北，协助
艰苦征战的索科洛夫斯基的白俄罗斯第1方面军。在帝
国总理府下面的地堡里，气氛是谨慎的乐观：陆军元帅
凯特尔根据过往经验宣布，如果进攻部队到第三天还不
能突破防线的话，进攻就会瓦解。

然而第四天、第五天，苏军突破了防线。索科洛
夫斯基的装甲集团军于4月19日扑进塞洛高地以西的
开阔地带，插入第9集团军身后，逼向柏林。同一天，
乌克兰第1方面军开到距最高统帅部设于佐森的司令
部不到10英里的地方，而司令部位于柏林南15英里处。
4月20日，希特勒生日这天，白俄罗斯第2方面军从
斯德丁发动进攻。柏林此时已在大炮射程之内。第二天，
乌克兰第1方面军的装甲部队将佐森司令部连同其地
下网络般的办公室和暗道一齐夺下。电传打字机还在
咔嗒作响，电话铃声响成一片。一个德国工程师热心
地领着占领军参观了通信设施。22日，科涅夫的军队

西线战区的崩溃

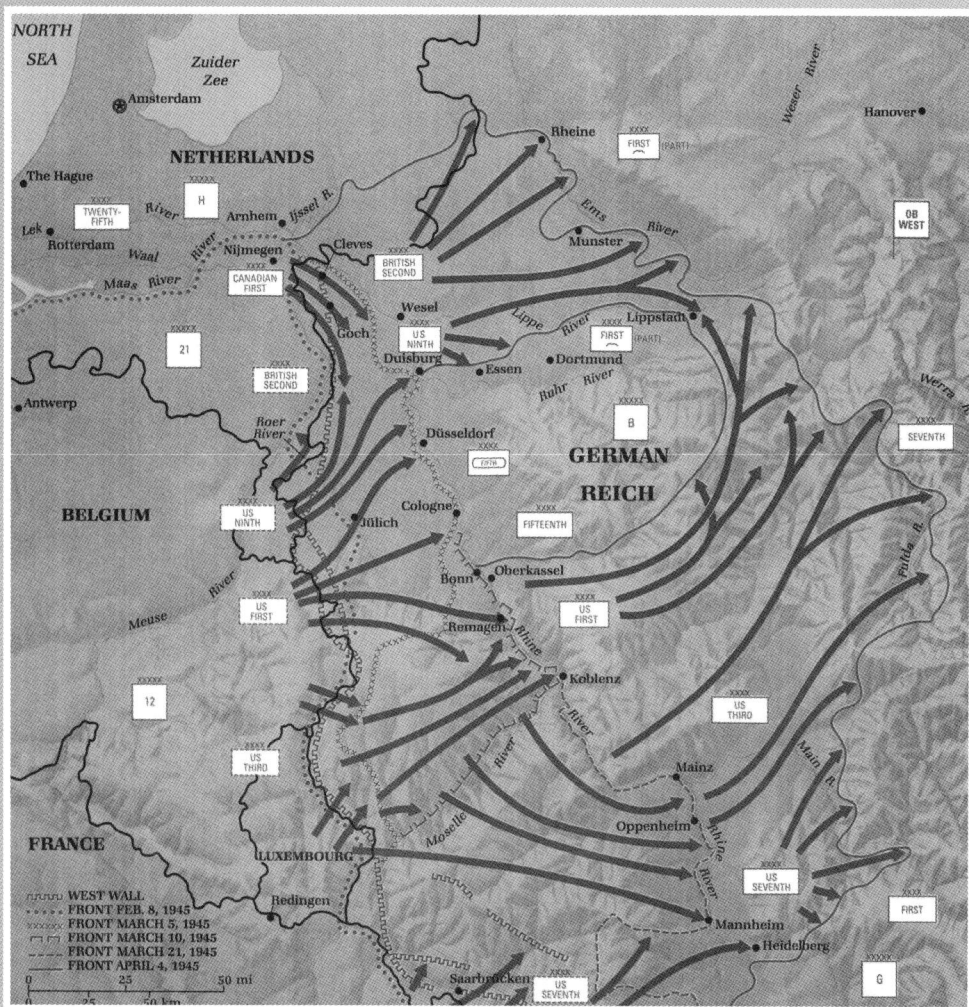

希特勒的阿登反击战失败后，西线总司令伦德斯泰特陆军元帅将他那些饱受打击的部队调至齐格菲防线后进行整编。2月和3月间，盟军冲破防线，朝莱茵河迈进。为保卫莱茵河，伦德斯泰特的士兵死伤6万，还有25万被俘——遭此打击，德军无法重振雄风。3月7日，美国第1集团军的部队夺取了莱茵河上的雷马根大桥。敌我悬殊，德军完全不能阻止盟军从莱茵河的桥头堡前进的步伐，所以很快盟军部队就跨过了德国西部。4月初，德军陷入一片混乱之中。G集团军群退至多瑙河一带，但B集团军群仍身陷鲁尔地区，动弹不得。

夺取了位于特博格的弹药库，这是德军剩下的最大一座弹药库。

到这个时候，从希特勒的地堡发往各集团军的命令已沦为一纸荒唐文，因为这些部队已不存在。战役地图上标出的小块只是代表着既缺油少弹，又毫无斗志的孤立部队。从地堡里放出来的消息，即使是一次成功的拖延行动听上去也好似一场伟大的胜利。位于柏林以北由党卫队施泰纳将军领导的一支小部队接到命令，要攻破俄军阵线，攻进柏林城里。而温克将军率领的西线战区新组建的第12集团军却收到命令，要他们来一个大转弯，朝东进军，迎击俄军。这两个命令全都无法执行。

苏军一步步向柏林稳步闭合包围圈。他们往西南进军至波茨坦，往东北进军到贝乐瑙，往北进军至奥拉宁堡。4月25日，白俄罗斯第1方面军和乌克兰第1方面军在波茨坦西北会师，在柏林西南面连成了一线。此时苏军有9个集团军的士兵向柏林逼去，就像卡在这座濒死都城上的绳套在慢慢缩紧。

就在苏联展开进攻后不久，艾森豪威尔将军领导的美、英和加拿大各集团军也重新开始由西边打入德国。他们原计划1月发动的攻势被希特勒在阿登高地的拼死一搏给耽搁了，但2月西欧盟军朝莱茵河发起了一场大规模攻击行动。莱茵河是德国西部的最后一道重要屏障。

艾森豪威尔调集的兵力包括 85 个满员的师，另外美国还以每周一个师的速度源源不断派来新军。他计划首先朝德国西北部下莱茵河地区发起攻击，接着进攻中莱茵河谷和鲁尔地区。陆军元帅莫德尔的 B 集团军群就布置在那儿。陆军元帅伦德斯泰特用来对付艾森豪威尔的只有 73 个师，满员率不足 40%。

盟军进攻的第一步是由陆军元帅蒙哥马利爵士率领的英、加部队在芮斯华森林发起猛攻。这是一座从荷兰奈梅亨延伸至德国边境内的茂密松树林。德军在齐格菲防线的极北端修筑了强大的防御阵地，其中有犬牙交错的战壕、反坦克壕、加固了的据点和指挥部掩体。森林本来就处于马斯河和莱茵河之间一个细长的瓶颈地带，德国人进一步削低河岸，让河水淹没毗邻的低地，使这一地带更加狭窄。盟军计划于 2 月 8 日晚由加拿大第 1 集团军冲入芮斯华森林，两天后再在罗尔河地区由美国第 9 集团军往南发起第二次攻击。

"我们现在是在德国土地上作战，"开战前夜，蒙哥马利对下属说，"对手已被我们赶到了预定地点。"在对紧靠芮斯华森林的克利夫斯和戈赫两城进行空袭之后，进攻战打响了。首先是火力稠密的大炮轰炸，这是整个二战期间西线战区最大一次炮轰，在 5 个半小时里，50 万发炮弹连续发射。当炮轰终于停下后，5 个师的步兵拉开 7 英里宽的阵线扑进森林，第二天先头部队就夺下了克利夫斯。

噩梦沉沦

　　一名德国士兵横尸于莱茵河的岩石沙滩上，而美国部队正从登陆艇涌上岸边。1945 年 3 月 28 日，盟军部队已在莱茵河两岸建立起 6 个稳固的大型桥头堡。

德国人此时打出了他们剩下的最后一张牌。在盟军定于 2 月 10 日进行的第二轮攻击展开之前，他们摧毁了罗尔河大坝的放水阀门，如此一来，河谷至少要淹没两周时间。美国第 9 集团军会因此而逡巡不前，伦德斯泰特就可以从从容容将后备军调上前线对付英、加两军。由于援军过早地冲上前方，通往芮斯华森林的唯一一条道路堵得水泄不通，再加上沼泽地泥泞不堪，盟军的进攻势头大为减缓。

由于希特勒下令不惜一切代价死守，不准伦德斯泰特的部队撤到莱茵地区，于是他们便在苦雨烂泥中与蒙哥马利的部队打了两个星期。2 月 23 日美军渡过罗尔河，突破了敌军阵线。一周后，美军就开到了莱茵河西岸，杜塞尔多夫附近，与北上的加拿大军连成一线，欲将德军堵死在河西。

希特勒禁止德军渡过莱茵河后撤，他的将军们因而失去了最后一次妥善部署防线的机会。指挥久经沙场的第 1 伞兵集团军的施莱姆将军奉命亲自镇守北莱茵河上的大桥。若有德军过桥后撤，就在他们后撤时炸掉大桥。如果有一座大桥完好无损地落在敌人手里，守桥的指挥官就要被枪毙。"因为我的防区内有 9 座大桥，"战后施莱姆对审问他的美国人自嘲道，"所以我明白我长命百岁的指望在飞快地消逝。"

施莱姆缩短了他的防御带，挡住了加拿大和英军的进攻势头，直到 3 月 10 日他才炸掉威塞尔最后两座桥，

撤走了。他的顽强抵抗、寸土必争的作战精神为他赢得了敌人的敬佩。当第 1 伞兵集团军的战俘被递解后方时，一个英国将军命令他的部下以"沉默致敬"。

3 月 2 日，盟军向莱茵河上的一座桥梁发起了第一次冲锋。美国第 83 步兵师的战士刚涌上桥墩，这座位于杜塞尔多夫附近的欧伯卡塞尔大桥就被炸毁。两天后，当德军在最后一瞬间摧毁克雷菲尔德的阿道夫·希特勒大桥时，美军又一次近在咫尺。3 月 5 日美国第 1 集团军抵达科隆，却发现那儿的桥同样也被炸掉了。其中一座桥炸早了一点，致使河西的一大群德军沦为了俘虏。

3 月 7 日下午，美国第 9 装甲师的侦察兵找到一处可以俯瞰雷马根镇的山崖，雷马根镇正位于莱茵河边，距波恩南面 15 英里。他们意外发现鲁登道夫铁路桥仍然完好无损，桥上的德军部队川流不息。下午 3：15，一个德国战俘告诉美国人，大桥定于 4 点炸毁。几分钟后，一声巨响，大桥西端冒出一股烟雾。待烟雾散尽后，桥面上出现一个 30 英尺宽的弹坑，但大桥依然耸立河上。过了一会儿，又是一声爆炸声，大桥哆嗦了一阵，然而还是稳住了身子。

在第二次爆炸后，美军步兵和工兵冲上了大桥。工兵们发现有四大包 TNT 炸药捆在桥面下的横梁上，他们迅速切断电线，接着又在河的东岸找到控制开关，并捣毁了开关。下午 4：15，盟军终于攻破了莱茵河防线。

艾森豪威尔马上拨出 5 个师镇守桥头堡。到 3 月 8 日，
美军已有 8000 人连同装甲车、大炮跨越莱茵河。9 天后，
饱受摧残的雷马根大桥终于坍塌，掉入了莱茵河中。有
5 名德军军官因大桥失守而被判处死刑。对于伦德斯泰
特来说，失去雷马根的这座大桥就表示战争结束了。陆
军元帅凯塞林取代他成为西线战区总司令。"我是德国
的新式秘密武器。"凯塞林对他的参谋打趣道。

在战区的南面，一个名叫帕拉蒂纳特的地方，巴顿
中将率领的美国第 3 集团军于 3 月 14 日渡过摩泽尔河，
德国第 1 集团军的北翼就此暴露无遗，接着他们又朝美
因茨附近的莱茵河进军。20 日和 21 日，巴顿的先头部
队抵达美因茨以南 15 英里处奥彭海姆的莱茵河边。22
日晚，6 个营乘冲锋舟渡过莱茵河，战斗中死伤极少，
工兵迅速搭建起一座临时桥梁。到第二天时，莱茵河上
这第二个桥头堡已有 6 英里深、7 英里宽。

巴顿攻破奥彭海姆，让希特勒深受打击，其痛心程
度尤甚于雷马根大桥被夺时。德军在奥彭海姆的兵力更
为薄弱，但是当他要求向奥彭海姆派出一个装甲旅时，
部下告诉他无兵可派，而且这一次希特勒甚至无言以对：
西线战区已经穷途末路了。仅在莱茵河一役中，就有 6
万德军战死或负伤，29．3 万被俘。

就在巴顿漂亮地攻下奥彭海姆一天后，西欧盟军发
动了一场大攻势，这场战役是二战最后几周里规模最大、
筹划最精心的进攻战。蒙哥马利在莱茵河西岸的威塞尔

两端集合人马，兵力超过 100 万人且有 3300 门大炮。事先他们已对鲁尔地区和莱茵河东岸的城市进行了几周的轰炸。3 月 23 日晚 7 点，重型大炮轰响了骇人的前奏。两小时后，渡河开始了。丘吉尔于当天午茶时分赶到前线，在指挥哨所与蒙哥马利一道观察战况。

黎明时分，英国首相就和军队一起渡过了莱茵河。在莱茵河上英军已建立了 3 个桥头堡，并将零散守军打出 6 英里外。由于德军主力集中在南面远处的中莱茵河谷，蒙哥马利大可以想走多远就走多远。盟军还派大量飞机空降了 1.4 万伞兵，增援他冲锋在前的部队。到 3 月 28 日，蒙哥马利在北面的桥头堡纵深和横

陆军元帅莫德尔向 3 名因勇敢而获得二级铁十字奖章的希特勒青年团团员道喜。莫德尔由于无力阻止美军痛击他那困于鲁尔孤地的 31.7 万部队，于 1945 年 4 月 21 日在杜塞尔多夫和杜伊斯堡间的森林里自杀身亡。

宽都达到 35 英里。他在威斯特伐利亚平原边上布置了
20 个师和 1500 辆坦克，通往易北河和波罗的海的大
道已经敞开。加拿大第 1 集团军转而北上，切断尚留
在荷兰的德军的后路，而美国第 9 集团军封死了鲁尔
地区的东、北两向，莫德尔的 B 集团军群的 25 万人愈
发动弹不得。

　　4 月 1 日美国第 1 集团军和第 9 集团军在利普施塔
特会师，困住莫德尔的包围圈严丝合缝了。现在就连鲁
尔地区的重型武器和石油设施也无法助莫德尔一臂之
力，因为它们全给盟军轰炸机炸掉了。B 集团军群从一
支空军防空部队调用了 10 万人后，又坚持战斗了两周，
这时候他们已渐渐弹尽粮绝。4 月 15 日，美国第 18 空
降师的李奇微少将捎信给莫德尔，劝他"为了德国军官
的荣誉，为你们民族的未来"投降。莫德尔引用自己效
忠希特勒的誓言拒绝了。同一天，这位德军司令官命令
旗下人马分成小股冲出重围。

　　到 4 月 18 日，胜败已定，盟军开始大举进攻，俘
虏了 31.7 万人，甚至比俄军在伏尔加格勒俘虏的德军
还要多。然而，莫德尔却不在其中。他带着五六个人，
穿过盟军阵地，溜进了杜伊斯堡附近的林子里。4 月 21
日，他走入灌木林中，开枪自杀了。冯·梅伦廷将军是
莫德尔旗下一支装甲集团军的参谋军官，他后来透露，
这位陆军元帅"几度欲战死沙场"。

　　鲁尔地区也同欧洲其他地方一样，沦为了一片废墟。

"没有哪座房子不是弹痕累累，"列奥那德·莫斯利，一位英国战地记者几周后经过此地时写到，"一眼望去，每一座工厂都是满地破铜烂铁。院子里、道路上、铁路线中摊着一大堆一大堆的砖头、锅炉、起重架。"最令莫斯利意外的是平民百姓的态度，他们高高兴兴地迎接盟军，简直"喜形于色"。

1945 年 4 月 25 日，在位于托尔高的一座易北河上的断桥当中，苏、美两军士兵手握在了一起。这一天，德国最高统帅部指示各战区司令官听凭"英美联军夺去大量领土"，好腾出兵力与俄军作战。

4 月 11 日，布莱德雷的第 12 集团军群的一支先头部队抵达马格德堡的易北河地段，这里是柏林西 53 英里。盟军这时与苏军一样逼近柏林，而且与苏军不同，他们没遇到多少抵抗。然而，艾森豪威尔却决定将主力攻势转向南面，朝巴伐利亚和奥地利的山区一个被称为阿尔卑斯据点的地方进攻，据说那儿集结了德军的最后一股主力部队（事后证明这种说法有误）。丘吉尔算准了战后他会与斯大林针锋相对，他急于取得地域优势，所以力主速入柏林，但美国最高统帅部坚持认为当务之急是摧毁德军余孽：柏林就留给了俄国人。

4月中旬，盟军的前进步伐在德国中心地带停下了，蒙哥马利奔向汉堡和波罗的海地区，而巴顿则四处寻找阿尔卑斯据点的幽灵军团。4月21日，艾森豪威尔告诉苏联人，他在从易北河和穆尔德河到捷克斯洛伐克西部的阵线上屯兵驻扎。布莱德雷的各个师拉开的阵线足有250英里宽，弄得后勤上噩梦连连。与此同时，苏军一日一日地朝总理府下面的地堡逼去。

4月25日，就在俄军包围柏林的那一天，美国第1集团军的大兵与第5警卫集团军的苏联战士在离柏林西南70英里的易北河上的托尔高握手相聚。第三帝国离它的清算之日只有两周了。

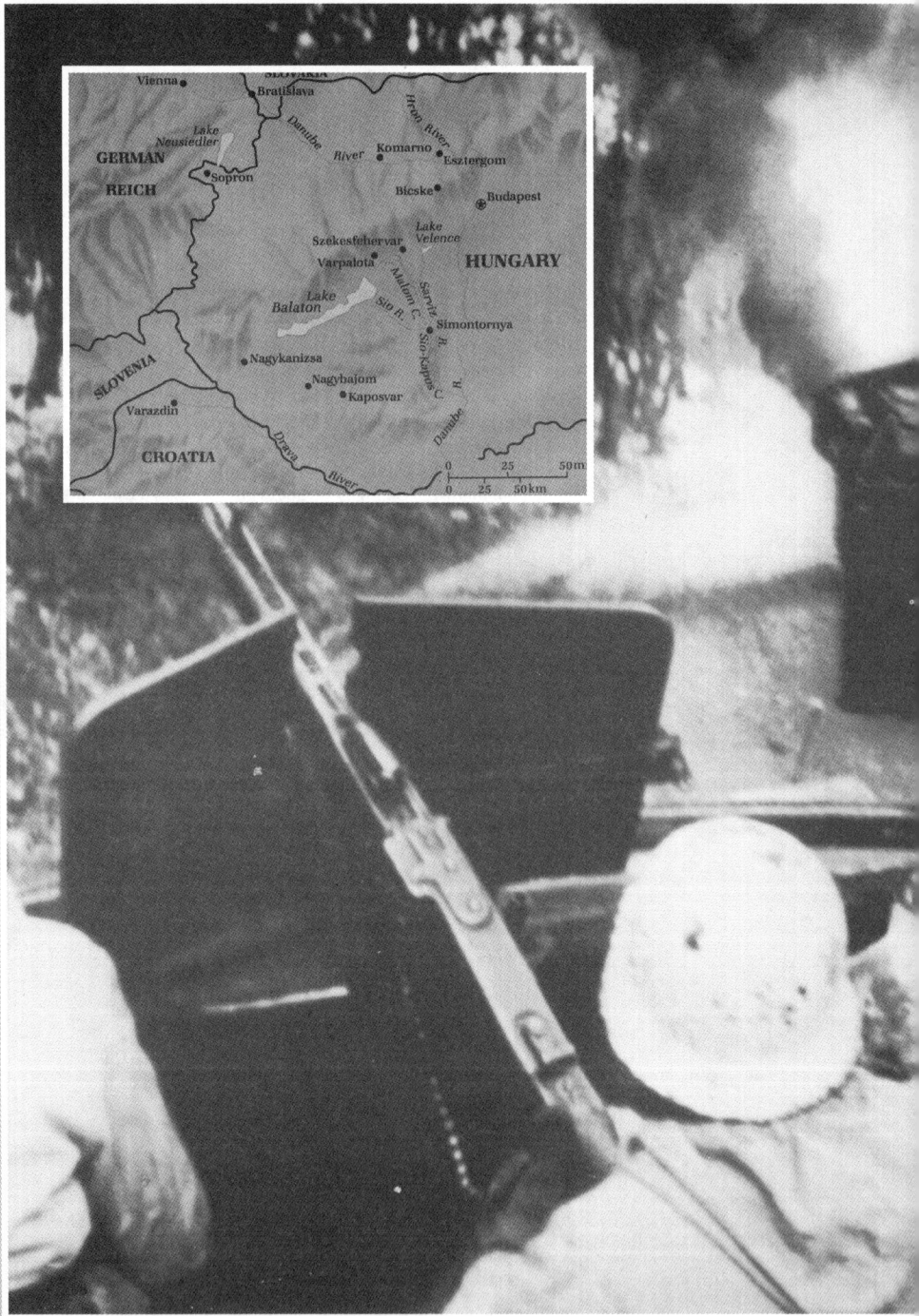

徒然奔波匈牙利

当阿道夫·希特勒于1944年12月下旬将兵力一把赌在阿登之时，红军正蜿蜒西行。圣诞节的第二天，乌克兰第2、第3方面军包围了布达佩斯的18.8万德国和匈牙利部队。一连几周，希特勒都不肯为那些陷入困境的部队派去援兵。最后，1945年1月上旬，他下令西线战区部队反攻为守，腾出部分精兵强将，转入东线作战。

希特勒一心要保住巴拉顿湖西南的匈牙利油田（小图所示），因为在第三帝国现存燃油供给中，它的供给多达80%，所以希特勒将他最后的战斗储备，即党卫队第6装甲集团军，派去匈牙利作最后一搏。这支由纳粹死党、党卫队的狄特里希将军率领的10万大军刚刚撤出失败的阿登战役，它是这场战役的主攻部队。现在，它又受命要将俄军赶过多瑙河，这可是一项令人胆寒的任务。

陆军总参谋长古德里安将军竭力主张把狄特里希的部队派往德国东部边境，有一支俄军先遣部队正朝那儿的奥德河奔来。但是希特勒的心里只有挽救油田的念头。他告诉古德里安，若无这燃油之源，"你的坦克将无法动弹，而飞机也无法起飞"。

因为铁路被炸坏，狄特里希的部队很难横穿欧洲，因此进攻不得不等到3月上旬再开始。其实，希特勒一点也没想到他的计划毫无意义：即使德军成功夺回领土，也无力镇守。"东线战区就好似一间纸牌搭成的屋子，"古德里安警告他的元首，"只要破其一点，就会全线崩溃。"

1945年1月，一辆载着装甲步兵的半履带式装甲车行驶在巴拉顿湖和多瑙河之间的区域，它的前方有一辆着火的俄国军车。这些士兵是赴匈对付40.7万红军部队的22万德军中的一员。

一个德军侦察小组（见下图）于1945年初在匈牙利一条白雪覆盖的道路上停下脚步。在这条通往塞克什白堡附近一个村子的路上，停着一辆残破的美制谢尔曼坦克（小图），坦克周围躺着这辆坦克的俄军操作手的尸体。盟军为红军迅速更换了装备。一个纳粹党卫队军官写道："我们遭遇谢尔曼型坦克、丘吉尔型坦克、克伦威尔型坦克的机会越来越多，它们上面的英文标识甚至还未撕掉就投入了战斗。"

三角地带拳脚相争

　　1945年元旦，破晓时分，党卫队第4装甲集团军的骷髅师和维京师发动了一次反攻，穿越布达佩斯西北的韦尔泰什山。古德里安将军后来写道："士兵也好，指挥官也好，都不再像当年那般干劲十足。"在韦伦采湖附近，布达佩斯以及西北的埃斯泰尔戈姆、南面的塞克什白堡等战略城市组成的435平方英里三角地带上，一度凶狠残暴的党卫队部队整个1月和2月都在与红军拳来脚往，空耗精力。

　　2月13日，布达佩斯落入红军手中。4天后，由希特勒青年团和阿道夫·希特勒警卫旗队成员重新组编而成的党卫队第1装甲集团军在埃斯泰尔戈姆附近的赫龙河桥头堡击破了俄军防线，报了一箭之仇。就在这时，德军士兵在巴拉顿湖南北两面集合，等待狄特里希的党卫队第6装甲集团军赶来会合。事后发现，他们打的这场仗竟是二战中德国的最后一次进攻战。

101

　　1945年2月间，一辆载满士兵的豹式坦克（见上图）准备穿越埃斯泰尔戈姆附近的帕里兹运河。一支德国装甲部队曾突袭红军的赫龙河桥头堡，这辆坦克即为其中一员。

　　一个党卫队摩托车手（左上小图）在突破布达佩斯的苏军包围圈后美美地吸了一口烟。1945年2月，1.6万名幸存的德军士兵欲从这座都市强行突围，只有不到800人全身而退。在巴拉顿湖附近，一名党卫队骷髅师士兵（右上小图）检查一把丢弃在灌木林里的俄军步枪。这一地带曾被苏军占领。

党卫队第6装甲集团军的摩托化小队在巴拉顿湖以东，西蒙托恩亚附近的路上陷入了泥浆之中。德军虽于3月12日夺下西蒙托恩亚，但却无力镇守。党卫队的狄特里希将军（小图中坐着的）与他的一名战地宪兵在交谈。站在狄特里希身后的是其助手魏泽上尉，他此后不久即战死沙场。

最后的进攻

1945年3月6日早上，巴尔克中将的第6集团军的15个师与狄特里希将军的党卫队第6装甲集团军从巴拉顿湖和韦伦采湖之间往西南方斜切出去，进攻战打响了。这场战役有一个乐观的代号——"春之觉醒"。

两支德国集团军最初攻进了俄军阵地，但俄军顽强的抵抗让他们举步维艰，而且由于春天道路泥泞不堪，他们身陷泥潭，士气也低落了下去。乌克兰第3方面军司令托尔布欣将军抓住战机，反扑上去。3月17日，俄军攻破德军阵线。狄特里希和巴尔克往奥地利边境退去——希特勒早就有令，要战至最后一人，他们是明知故犯。元首震怒之下，下令剥去犯事的党卫队部队的荣誉袖标。那次行动后，"我们的命运就无人问津了"，狄特里希属下的一名军官写到，"留给我们的是无穷无尽的失望和苦痛。"

撤离维也纳

3月底，德军已渐渐不能控制巴拉顿湖周围地区，那里原本就是德军的薄弱环节。在成千上万的匈牙利部队退出前线之后，红军通过匈控区的一个缺口开进了奥地利。希特勒仍然拒绝放弃，即便在4月2日瑙吉考尼饶油田落入俄军之手后，他仍不肯言退。相反，他还命令狄特里希去保卫维也纳，尽管狄特里希的军队已被打散。"我们仍管自己叫作第

6装甲集团军，"狄特里希苦笑道，"因为我们还有6辆坦克！"

4月13日，乌克兰第2、第3方面军占领了奥地利的首都。德军后撤至西边30英里的圣珀尔滕。在那儿，他们又坚守了两个星期。"然后大规模西撤开始了，"一名党卫队军官说，"但是只有少数人逃了出去。大部分人都被美国的坦克部队拦截了下来，交予俄军。等着他们的是关押囚禁、饥肠辘辘、痛苦不堪、慢慢死亡。"

元首团的3名士兵接受党卫队魏丁格尔将军（左穿大衣者）的指示后，准备在弗罗里德斯多夫大桥旁各就各位——弗罗里德斯多夫大桥是德军后撤时要炸掉的最后一座维也纳的大桥。

这是俄军占领维也纳一天之后，阿道夫·希特勒警卫旗队的指挥官、党卫队中将佩珀（小图中戴有檐帽者）在与他属下一名指挥官交谈。

106

137

举世震惊的暴行

"我曾努力想象集中营里面会是怎样一番情形，但我实在没想到竟会是这样。我也没想到用带刺铁丝网围住的院子里会挤着这一大群奇形怪状、猿猴似的人，他们头发剃得很短，穿着条纹囚服。"德里克·辛顿，第一个踏入贝尔根－贝尔森——德国北部臭名昭著的集中营的英国军官，如此写到。当辛顿于 1945 年 4 月 15 日开进集中营大门时，他发现里面关押着 6 万苟延残喘的人，还有 1.3 万已经死去，尸体和垃圾混在一起，堆满了狭小的场地。"我们在法国，在比利时，在荷兰，也曾见识过夹道欢迎、感激涕零的场面，"辛顿写到，"但这些濒临死亡的人，这些从前的波兰军官、乌克兰农工、布达佩斯医生和法国学生，他们那不假思索的欢呼却在我们心中掀起了巨浪，我不得不拼命忍住眼泪。"

那年春天，盟军从许许多多以前不为人知的德国小地方发现了一个又一个集中营，于是这种恐怖场景便一再上演。他们总共释放了 71.5 万囚犯。每座集中营里都是疾病蔓延，饥饿更是普遍现象。"多么悲惨啊，绝大部分人居然没有明白，我们已经自由了，"一个幸存者回忆，"他们对于发生的一切，要么无动于衷，要么因病入膏肓而失去了理解力。"

先前，苏军也解放了东部的一些死亡集中营，他们只找到少数活着的人。党卫队曾经逼着关押在集中营里的大部分人朝西长途跋涉，这些人多为犹太人，凡在行军中活下来的又给扔进了集中营，那些集中营原本也只是刚够起码的卫生条件。超员关押使营里的卫生状况进一步恶化，在他们被解放前的几个月里，卫生条件之恶劣简直无以复加。

在盟国军事指挥部的命令下，解放集中营的部队强迫德国群众去现场亲眼看见纳粹政权犯下的滔天罪行。一些党卫队看守或早或晚受到了惩处。但身心俱残的集中营囚犯已很难从这些措施中得到几许安慰。"对于绝大部分被解救的犹太人来说，毫无欣喜可言，"一个受害者写道，"我们失去了家庭，失去了家园。我们无处可去，无人可以拥抱。我们从死亡的恐惧中解脱了出来，却无法从生之恐惧中解脱。"

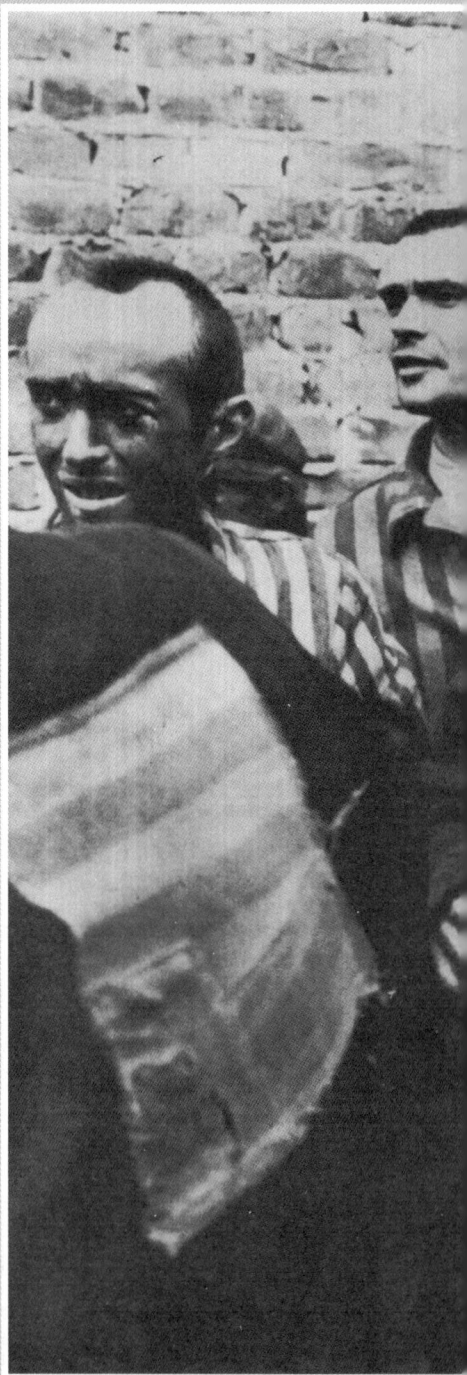

被关押的人们蹒跚地走出沃伯林的营房,他们的健康状况各异。沃伯林是德国北部一所临时设立的转运营,收押从东部疏散的人。这座集中营被英国第2集团军和美国第82空降师解放。

见证悲惨世界

"尽管你声称对这些暴行一无所知，但你仍然要负个人及集体责任，因为犯下那些暴行的政府就是由你本人于1933年选出来执政的，也是由于你对有组织的野蛮行径视而不见，他们才继续执政的。"这是乔治·伍德牧师，美国第82空降师的随军牧师，在为沃伯林的死者作追思礼拜时针对路德维希斯卢斯特的居民所做的布道词。

伍德这么做是奉了盟军将领之命，盟军为了反驳"那一类的事情其实并不存在"这一类传言，强迫住在集中营附近的德国百姓去参观集中营，还常常强迫他们帮忙埋葬死者。他们将这些百姓集合起来，带往集中营，让他们见识填满腐尸的大坑、可怕的刑具和焚尸炉。

德国人的反应各不相同，有人震惊，有人悔恨，有人一脸冷漠，有人竭力否认。从达豪镇一个居民的评论中我们可以看出许多人的态度："确实很可怕，但我们又能做什么？"

美国宪兵给德国百姓展示布痕瓦尔德集中营的一卡车尸体。一位在贝尔根－贝尔森负责组织类似活动的英军上校说："不管你遭了多大的罪，都不及那些可怜人所受的罪的百分之一。"

110

140

路德维希斯卢斯特镇上的居民为沃伯林的死者抬棺。许多市民流下了眼泪，还有人说："做德国人真是丢脸。"

达豪的一条浅水河上飘着一具党卫队军官的尸体，达豪集中营的囚犯将他杀死后抛进了河里。

当"超人"沦为懦夫

当盟军部队开到集中营时，大部分党卫队军官及其家人都已逃走，只留下几十个看守。

集中营的囚徒们多年来备受凌辱，这时一些人尽管身体虚弱，但满腔怒火一旦爆发，便立刻升腾为复仇烈焰。他们徒手杀死了一些看守，还把另外一些看守狠狠揍了一顿。有几个党卫队队员套上囚服，企图蒙混过关，但他们那相形之下尤显健硕的外表出卖了他们。西蒙·维森塔尔曾是毛特豪森的一个犯人，后来成为追捕纳粹战犯的著名捕手。当他看到昔日迫害他的人害怕得浑身发抖时，真有今非昔比之感。"当大炮不再保护他们之时，"他写道，"超人就变成了懦夫。"

美国摄影师李·米勒谈到她在布痕瓦尔德和达豪看到的浑身血痕的看守时说："他们的情形很糟，但他们还活着，而且那些今日的捕手，昔时挨起打来可比他们惨多了。"

有些看守很幸运，他们被盟军宪兵抓住，关进了牢房。在牢里，照米勒的说法，他们"每当牢门一开，便趴到地上求饶"。有几个自杀了，大部分人最后被送上战犯审判法庭受审。

在英军看守监视下，党卫队女队员将她们的受害者残存的尸骨扔进贝尔根－贝尔森的一个大墓坑里。

143

一节货车车厢停在通往达豪的铁路线上，尸体从车厢里倾泻了出来。前来解救的盟军在腐烂的尸体里没找到几个清醒的幸存者。

恶贯满盈　铁证如山

在盟军部队解放德国国内的集中营之前，西方许多人对苏联有关德国在东部施虐的说法还持怀疑态度。举个例子，1944年红军解放波兰东部卢布林附近的马伊达内克之后，纽约《先驱论坛报》在报道的末尾特地声明："也许我们应该静候进一步核实后的消息。尽管有关纳粹疯狂凶残的种种传闻不绝于耳，但这个故事还是令人难以置信。"现在，他们该疑云尽散了。

当盟军士兵发现如木材般堆起的发黄的尸体，触摸到双眼深陷的孩子们那骨瘦如柴的双手，闻到腐肉的恶臭时，对于纳粹犯下滔天罪恶的所有怀疑全都烟消云散。

对于幸存下来的囚犯来说，恐怖并未在获得自由之时消失。当英军解放贝尔根—贝尔森后，集中营的人还在以每天500人的速度死亡。尽管历史上最大剂量的输血、输葡萄糖和抗斑疹伤寒注射挽救了许多人的性命，还是有数以千计的人在获释的头几周死去了。而那些活下来的人总是被集中营生活那难以言表的恐怖回忆纠缠不休，"心中暗怀苟存于世的罪恶感"（一个幸存者语），在痛苦中受尽煎熬。

布痕瓦尔德集中营的焚
尸炉里塞满了骨头和烧焦的
人尸。在盟军到来之前，德
国人没让这炉子熄过火。

3.狂魔梦，终须灭

1945 年 4 月 20 日下午，阿道夫·希特勒最后一次钻出他的地堡，这时离苏军包围柏林还有 5 天。这天是他 56 岁大寿，为此他爬上了楼梯，踏进帝国总理府断壁残垣、尘土飞扬的房间。就在一会儿前，盟军以自己致命的方式给他道了喜。美英联军动用 1000 架飞机空袭德国首都，这恐怕是他们最后一次空袭柏林了，与此同时，步步逼近的苏军大炮也对柏林市中心第一次发射了炮弹。"真不痛快，"元首的秘书马丁·鲍曼在日记中写到，"这场面毫无节日气氛可言。"

自打希特勒 1933 年初掌大权以来，他的生日就一直被尊为全国性的假日，但此时的德国已不能算是完整的国家。从北到南仅有一条狭长地带由德国控制，而且苏美两军的先头部队会师后，形势还将急转直下。柏林在苏军的强攻猛打之下，成了一座弹痕累累的废墟，它的电力、煤气和卫生系统已瘫痪，市民们排成长队为的只是一口吃食。

希特勒自己也瘦得脱了形。他那一度目光炯炯的蓝色眼睛此时布满了血丝，变得呆滞无神，棕色的头发也染上了霜花，原先有力的步伐蹒跚了起来，一副可怜兮兮的模样。"他似乎是每过一年便至少老了 5 岁，"他

1945 年冬末，弯腰驼背、形容枯槁的阿道夫·希特勒由助手簇拥着来到柏林的帝国总理府。战争的最后几个月让这个纳粹独裁者付出了惨重的代价。"他的一举一动活像重病在身的垂暮之人，"一名军官说，"脸上全然一副疲惫不堪的神情。"

的一个党卫队年轻警卫彼得·哈特曼上校回忆到，"他不像 56 岁，倒像年近七旬。"

不管怎么样，这场低调的生日庆祝会为德国和纳粹的领导层最后一次聚会提供了场所。脖子粗短的鲍曼、宣传部长戈培尔、党卫队首领海因里希·希姆莱、外交部部长冯·里宾特洛甫、军备部长施佩尔以及军事首脑们，包括海军上将邓尼茨、陆军元帅凯特尔和帝国元帅戈林——他们济济一堂，握手应酬，表白自己对元首的忠心。戈林同往常一样醒目惹眼。但他没穿运动服，没穿他那别具一格的华丽白亚麻布或银灰套装，他穿的是一套简单的橄榄色厚呢服。有人满腹狐疑地对施佩尔耳语道，这衣服让戈林看上去"像一名美国将军"。希特勒对所有这些人全都热情亲切，只不过由于一切从简而觉得有些尴尬，当时连香槟都没上。"没人知道该说些什么好。"施佩尔后来写到。

那时，希特勒左手垂在身旁，身子往左边歪着，一瘸一拐地踏入了屋外满目疮痍的总理府花园。花园里有几十个身穿制服的青涩少年，他们按军衔排好队，姿势僵硬地立正等候。这些稚嫩的战士是希特勒青年团成员，他们从布雷斯劳和德累斯顿赶来，手持"铁拳"反坦克火箭筒或者操纵防空炮台保卫柏林。随着新闻摄影机的转动，希特勒为这些少年颁发勋章，表彰他们在奥德前线作战勇敢。他声音低低地嘀咕了几句，还用他那颤抖的右手拍拍他们光洁的脸颊。

1945 年 4 月 20 日是希特勒的 56 岁生日，也是他的最后一个生日。这一天，希特勒青年团的团员在帝国总理府花园集合，因作战英勇接受表彰。元首向他们表示祝贺。这次短暂的仪式是希特勒最后一次公开露面。

然后，他带头走下了地堡，如常召开下午军情会。他的挚友亲朋挤在大地图周围，听他们的元首谈论如何用子虚乌有的德国部队去击破红军在柏林城外设置的钢铁包围圈。接着，他的门生们大部分都告退了。希姆莱、里宾特洛甫、施佩尔和邓尼茨去了北方。戈林将卡林堂里的艺术珍宝用火车运走后，已经安排人炸掉他那座就在近旁的寓所，他去了南方，在希特勒的巴伐利亚山庄——贝希特斯加登附近他还有一所别墅。

现在，第三帝国的小命完全系在下列这些人物身上：一些年轻小伙子，几支也许存在也许不存在的集团军，藏身于地堡的疯狂元首以及这群老牌纳粹精英，用施佩尔的话来说，如今这些精英也"各奔东西"，打算使出最后一招，挽救德国或者挽救自己。

　　德国如此顽抗，其根本原因是希特勒本人丧心病狂。至少早在前一年夏天盟军从法国登陆后发起猛攻，而东山再起的红军跨过国境往西推进之时，第三帝国的寿命就已经屈指可数了。那些看出了败局已定的德国人于 1944 年 7 月 20 日在希特勒的野战司令部行刺希特勒，企图用这种办法来终止战争，然而却只落得个苦海无边的结果。

　　希特勒从炸弹阴谋中幸免于难，他的纳粹政权却因此而重获人心。多年前，德国人就已把灵魂卖给了希特勒，此时尽管他们不再对他五体投地，但他死里逃生的神奇故事，又给他们带来了新的希望：也许他终究还是能拯救第三帝国的。不单如此，他死里逃生后愈发心狠手辣。他在刺杀事件发生后的第二天向全国发表广播讲话，称这件事"印证了上帝授予我的使命"。自此以后，他坚定不移地相信自己无所不能。战争中任何挫折都是将军们及其同党蓄意破坏和背叛的结果，正是这些人企图谋害他。"我越来越相信，"他对墨索里尼透露，"圆满实现我们共同的伟业是天赐予我的使命。"

　　希特勒在实现这毫无前途的事业时，一天比一天依赖他的顾问圈，而这个顾问圈又一天比一天缩小。他的副手戈林，因为纳粹空军一败涂地，未能阻止盟军轰炸德国城镇，早已失宠于他。"在军情会上，"施佩尔写到，"希特勒习惯用最粗鲁最难听的话痛骂他。"此时，除了陆军元帅凯特尔一类的马屁精，其他任何将军都会受到希特勒毫不掩饰的怀疑和蔑视。要想发动人民为第三帝国最后拼死一战，必须要有说一不二的权威，而他从希姆莱、戈培尔和鲍曼三人组中找到了这种说一不二的感觉。

从那场流产的革命中，希姆莱显然受益匪浅。希姆莱本已大权在握，除担任党卫队首脑之外，他还是内政部长、警察总监和纳粹种族灭绝政策的制定者。他的党卫队帝国刚刚吸纳了德国反间谍机关、武装部队的外国情报处，目前它的触角伸得很广，从打着武装党卫队的旗帜征战沙场，到开设管理 36 个大型集中营和灭绝营以及几十座监狱和转运营，它屠杀了上百万的犹太人、斯拉夫人以及其他囚犯。

暗杀事件刚发生，希特勒就给希姆莱交代了两项任务：铲除起事的阴谋集团；重整军队组织。针对这两项任务，他任命希姆莱为后备军总司令，授予他第三帝国境内所有武装部队的指挥权，下令所有部队必须经希姆莱训练、编队后方能上阵杀敌。正规军此时已威风扫地，因此对于这个旧式军官最痛恨的人的提升，将军们全都噤若寒蝉，一声不吭。

希姆莱一向是个精力充沛的官僚，他马上就开始训练从德国工厂里抽出来的新兵。他的前任为了拼凑新军，已经将医院和康复所搜刮一空，搜来的都是些从前被视

为不宜服役的人员。不管怎样，在第一支美国巡逻队于
9月11日踏入德国边境之后，德国人力缺乏的问题就
变得格外尖锐，发动"人民战争"的叫嚣声也就处处可
闻了。

希姆莱的特殊贡献是募集了约20个新的人民步兵
师。这些人民步兵部队是由现有师的残部、新招的兵、
军需品仓库的守库人员以及各种文职军人重新拼凑而
成。领头的是一些经验不足但纳粹精神十足的青年军官。
纳粹日报《人民观察家报》赞扬这些部队体现了"党与
军队的美满姻缘"。但是他们确实历练太少，许多人上
了战场根本无所作为。

作为后备军总司令，希姆莱也负责训练、装备新的
人民冲锋队。这支10月间为保卫本土而创立的民兵组
织，吸收了百万大众，从16岁的小子到60岁的老头都
不放过，其实这些人是不该在征兵之列的。让民兵们大
为惊慌的是，纳粹党直接掌管人民冲锋队的征募工作。
人民冲锋队每周训练一天，训练内容是武器模型以及一
大堆的意识形态。古德里安身为退休将军，被要求去人
民冲锋队的一个团当兵，他心中十分厌恶。他后来写到，
这个团是由"一钱不值的党务官指挥"。他注意到，在
突击队课程中，"如何向希特勒正确行礼"常常比常规
武器训练和战术指导更重要。

希姆莱新任军职，使出的还是恐吓威胁那一套老招
数，这一套是党卫队及其安全机构精心炮制的。他成立

现场军事法庭，士兵若开小差，将当场审问，随即处决——他甚至还威胁要枪毙逃兵的全家人。他的间谍和情报员也在替他清除所谓"阴谋破坏战果"的军官，这样的罪名实在含糊。有位上校被控"守责不谨，理应解职"，另一名军官则是"政治表现不突出"，还有一位，"据说祖母是犹太人"。

在每个回合中，希姆莱都是名利双收。他从武装部队接管了所有战俘营的管理权。他抢去了空军发展、制造 V−2 火箭的权利。8 月时，他的党卫队孝子贤孙们冷酷地镇压了华沙的地下组织。10 月为约束匈牙利盟友，他的门生又在布达佩斯突然发难。他最后还拥有了两支集团军群的指挥权。当希特勒挑选他来为纪念 1923 年啤酒馆暴动发表讲话时，他的继承人身份简直就呼之欲出了。

戈培尔同样也在这场未遂的暗杀阴谋中出够了风头，捞足了权力。早在一年多前，他就批评德国备战不力，怂恿希特勒让某个人——最好这人就是他戈培尔——独揽大权，负责建立国内阵线，发动全民参战。1944 年 7 月 22 日，元首从狼穴炸弹中脱身 3 天后，将戈培尔升为全权将军，令他负责全民战争的动员工作。如此应对，弄得戈培尔对一名助手大发妙语："要在希特勒屁股下放个炸弹，他才会长点才智。"

戈培尔的策略便是大力紧缩德国经济，在 3 个月内为军队挤出 100 万新兵。他很快下达了一系列包罗万象海因里希·希姆莱（左）与军官和平民显贵讨论"巡道狼"，一种用于撬开铁路枕木的装置的工作原理。7 月的暗杀事件后，希特勒极不信任他的军队将官，将后备军的指挥权授予了希姆莱，虽说这个党卫队首脑的全部从军经历不过是一战期间作为军校学生服了几个月的兵役。

约瑟夫·戈培尔在视察汉堡潜水艇制造厂时，笑容可掬地与表情严肃的海军军官们会面。因为战场上兵败如山倒，希特勒便委托他的宣传部长到处抛头露面，鼓动德军士气。

的法令，目的是发动他所谓的全面战争。这些新法令包括 60 小时工作制、限制非必要性旅行、邮件减为一日一递、关闭几乎所有的剧院和奢侈品商店、禁止出版大多数的刊物以及 14 岁以上的青少年放假，好腾出这些人手去操作防空火炮。针对妇女，他下达了最为激进的法令。大战期间，希特勒一直认定要让女人留在家中。这样一来，出门工作的女性 5 年里只增加了 18.2 万，而入厂做工的女性人数其实还有所减少。事实上，受雇于德国家庭的佣人人数与战前一样多。戈培尔打出"德国妇女为胜利而助攻"的标语，要改变这种状况。他的新政令确实让女佣的人数大大降低，并且还迫使所有

50 岁以下的妇女出门工作。

德国妇女的动员行动旗开得胜，真是精彩纷呈，甚至连戈培尔自己的家庭亦不能置身事外。在 1944 年秋天，他发动了 25 万中青年妇女，她们或是操作探照灯，或是为纳粹军队进行其他非战斗性辅助工作。戈培尔的妻子马格达有一阵子自愿去无线电通信设备厂工作，上班乘的是电车而不是大轿车，不过当其他党政要员的妻子没有效法她的模范榜样时，她也就厌弃了这份工作。戈培尔计划设立家庭作坊，由马格达监督制造炮弹引信，这事儿同样也无疾而终。不过，戈培尔还是设法给她派了另一项工作。在他的美容师被征去为战争服务后，他把每周五修剪指甲的活儿派给了他的妻子。

一名女消防队员在练习她新学会的本事。她是 1944 年成千上万名出门就业的德国妇女之一。这是戈培尔为腾出人手，将男人送去服兵役而设计的计划。

不仅如此，马格达还得独自操持家务。戈培尔辞退厨师和两名女仆，让她们去工厂干活。两天后，厨师回来报告说，她在德国驻丹麦占领区总督维尔纳·贝斯特在哥本哈根的家里发挥专长。"戈培尔听后大发雷霆，"戈培尔在宣传部的助手鲁道夫·西姆勒在日记中写到，"他指责贝斯特破坏全民战争动员。所以现在她在西门子工厂的餐厅里端啤酒。"

到 1944 年底之前，戈培尔已额外挖掘了 50 万男人参战，这个数字是他向希特勒承诺的一半。他还临时拼凑了一支由女人组成的新劳工大军，人数至少也有那么多。具有讽刺意味的是，许多劳工无所事事。其实他们并不真正缺少工人。第三帝国早已强迫 750 万苏联及其他国家的劳工和战俘为他们做牛做马。德国的武器生产在 1944 年夏末达到顶峰之后开始急剧下降，这个时候，问题并不出在人力上，而是出在原材料短缺，和盟军轰炸机造成的交通线断裂。

为了监视大众对他的全民战争运动的反应，同时也为了在必要时鼓吹这一运动，戈培尔重施故技，那是 20 年代晚期他在柏林组织纳粹党的时候惯用的手段。他的 B 特别行动队，每队由一名演讲者和两名人民冲锋队队员（纳粹党徒）组成，他们专门造访餐馆等公共场所，挑起人们争长论短。谁要胆敢对全民战争动员说三道四，怒气冲冲的人民冲锋队队员就会给他一顿饱打。

戈培尔的另一重要身份是希特勒的宣传大师，他在扮演这一角色时，不但用政令也用言语来为全民战争煽风点火。在他撒下弥天大谎之际并不讳言孤注一掷的打算。"我们必须成为狂热盲从的民族。"他在 1944 年

11月5日的《帝国》刊物中写到。他期盼，盲从将"像一股鲜红的熔岩在全民族中流淌，点燃爱国激情，燃起最圣洁、最坚定的备战大火"。

戈培尔有两大法宝，经常祭起来蛊惑众生。法宝之一便是那必将反败为胜的秘密武器库。那些武器从9月射向伦敦的V-2火箭到1945年初进行处女航的喷气战斗机，不一而足。要说工艺上的重大革新倒是的确有，但一旦公之于世，它们便失去神秘色彩，人们由此痛苦地发现它们无法翻天覆地，只有像原子弹那样的可能一锤定音的武器才能逆转潮流，但在原子能研究方面，德国科学家落后美国人大约5年。然而，戈培尔仍然调子高昂，说他看到一座隐秘的德国军火库，"令我心跳骤停"。他甚至在宣传部里成立了一个特殊部门，来传播有关死光及其他一些虚构武器的谣言。

戈培尔的另一个法宝是利用人们害怕敌人获胜的心理火上浇油。自从盟国于1943年1月卡萨布兰卡会议上正式提出无条件投降原则以来，戈培尔就抓住德国战败后果这一题目大做文章。他恐吓说战败即意味着"我们德国人沦为牛马，被全世界奴役"。

德国人普遍担心苏军意欲施恶。纳粹当局一直把苏联人贬为劣等民族，随意践踏，德国人大多都认定他们会来报仇雪恨。接着，当1944年秋季红军狂扫波罗的海国家，开进东普鲁士之时，种种传闻也随之而来。戈培尔称这些事件为"蛮子军队的最野蛮暴行"，他预言欧洲的"繁荣都市将化作泥屋小村，宽敞大道转眼成乡间小路"，这些传闻正好为他的这一番末日预言充当了证据。

美国人也给戈培尔提供了大量用武之地，在他的煽动下，德国人对西方盟军也恐惧有加。1944 年 9 月下旬，美国报纸刊载了财政部长亨利·摩根索提交的计划细节，这份计划要求战后消灭德国的工业潜力，让德国变成以农业和畜牧业为主的国家。摩根索凑巧是犹太人，而他的这个主张所针对的国家，其领袖又致力于消灭犹太人，这样一来这份计划就显得另有深意了。如今，戈培尔可以振振有词地断言，美国和英国同苏联一样冷酷无情。这年秋，英军不分青红皂白地大规模空袭德国城市似乎也证明了他的论点：盟国要让第三帝国变成一块"土豆田"。

戈培尔又掀起了另一场简直毫无事实根据的宣传攻势。例如，他创造出阿尔卑斯据点的神话。戈培尔鼓吹，第三帝国将在巴伐利亚和奥地利的山间堡垒和地下工厂、实验室里准备最后反攻，德国科学家已经在那里研制终极秘密武器。尽管所谓据点纯属子虚乌有，然而这说法却流毒甚广，美国人因而在 1945 年春季不再往东攻打柏林，转向南攻去。

在第三帝国行将就木之时，戈培尔无耻的艺术才能在狼人行动的创造过程中发挥得淋漓尽致。所谓狼人行动，是指党卫队暗中计划在敌军后方安插武装游击队队员——"狼人"，希姆莱、鲍曼甚至德国劳动阵线头目罗伯特·莱伊都先后为这个计划出谋划策。除了一个流产的训练计划和孤立的个别行动之外，狼人行动从未付诸实现，只存在于戈培尔活跃的想象之中。为了蛊惑德国人依样葫芦，真的去反击敌人，为了在敌人中散播恐慌情绪，他还专门设立了一家电台，广播子虚乌有的狼人完成的破坏、暗杀故事。

狼人电台其实就设在柏林城外几英里处，可它却故弄玄虚，声称自己身处敌占区。每天戈培尔都要亲自口授十几则为吹捧狼人杜撰的传奇，然后在宣传部的办公室间穿梭，一边讥讽地大嚷："有谁写好了狼人故事？"他对一个助手解释说，这些想象之事其实"本应发生"，这不过是他所谓"诗意的真实"结出的硕果。

戈培尔全力以赴大搞全民动员运动，元首因而重新对他赞赏有加。在战前，因与马格达轻率苟合，这臭名昭著的好色鬼一度失去了元首的宠爱。1945 年 1 月 30 日，希特勒褒奖戈培尔，授予他"柏林守护者"称号——这是元首第一次公开表示坚守首都的决心。这是戈培尔的城市：最初他作为组织者为纳粹党赢得这座城市助了一臂之力，然后他又作为省长统治这座城市。就在这个月，希特勒来到戈培尔的家里喝下午茶，这是他 5 年来他第一次踏上战前曾流连不已的地方。这无疑表明他已原谅戈培尔和马格达的不检点行为。小心谨慎的元首自备了饼干和一热水瓶的茶。他走后，马格达·戈培尔骄傲地宣称："他可不会去戈林家。"

当希姆莱大肆收获头衔，戈培尔重返元首身边的宝座之时，在第三帝国的最后阶段真正大权在握的却是鲍曼。作为希特勒的私人秘书，他基本不离元首左右，实际上控制了所有接近元首的途径。作为纳粹党的党务总管，他对党的机构严加管制，甚至还直接领导街区长官，为其下级，也为自己争得了广泛的新权力。鲍曼与其他围在希特勒身旁的人不同，他的名字基本不为德国民众所知。他是冷酷、狡猾但沉默的政治阴谋大师——他的一个同僚说他是"藏在阴影里的棕色大人"。

经希特勒的同意，鲍曼将党的触手伸到了每一个角落。在刺杀希特勒的阴谋流产后，他在所有大的军队司令部里都安插了纳粹的政治官。他出手逼迫陆军元帅隆美尔以及其他涉嫌刺杀事件的军官自杀。通过纳粹党控制人民冲锋队的其实是鲍曼，而不是希姆莱。他和他的大区领袖们负责招募队员，派遣政治领导。

鲍曼让各地的纳粹党大区领袖们重新活跃了起来。他将一些无能的老派角色一脚踢开，换上年轻人，并且让他们手握大权。例如，大区领袖在自己的管辖区里对大部分军事事务均有权处理，他们还可以控告士兵战斗不力。就在暗杀事件发生 1 个月后，军备部长施佩尔向鲍曼屈服了，将武器生产权交给了大区领袖。甚至连施佩尔最亲密的伙伴也对鲍曼俯首称臣。施佩尔的权力被纳粹党一步步蚕食，到 1945 年 1 月他不得不恳求鲍曼出面制止大区领袖们的没收再分配行径，因为他们总是将路过本区的燃料火车上装的救命煤一把没收，然后分发出去。

鲍曼势焰熏天，众人无不畏惧，希特勒身旁的小圈子里的盟友关系也因而发生了变化。戈林非常担心鲍曼发动政变，暗杀他，所以在卡林堂布置了一个伞兵师的警卫。戈培尔与希姆莱结成亲密盟友之后，终于还是投入到鲍曼的门下，三人结为一党，纳粹党的知识精英和老谋深算的官僚奇怪地成了一家人。

鲍曼在算计希姆莱一事上充分展现了他政客手腕。鲍曼知道他这个对手一心想要证明自己英勇善战，便安排他先是担任西线战区上莱茵集团军群的司令，后又统率东线的维斯瓦集团军群。派希姆莱去指挥陆军，实际上是把他从权力中心调开，鲍曼从而可以拉拢这党卫队全国领袖手下的几名高级助手，其中就有菲格莱因中将和德国中央保安局长卡尔登勃鲁纳。菲格莱因原为赛马场马夫，后来娶了爱娃·布劳恩的妹妹，是希姆莱派驻希特勒大本营的联络官。不出鲍曼所料，希姆莱缺乏经验，而战局又陷入绝境，他这领军人的表现就可想而知了。1945 年 3 月，希姆莱感到自己在元首眼里已经一败涂地，于是便在病床上躲了两个星期。

这时，对元首最具影响力的显然已是鲍曼，他在继承人竞赛中悠然领先。随着德国运势急剧下跌，希特勒

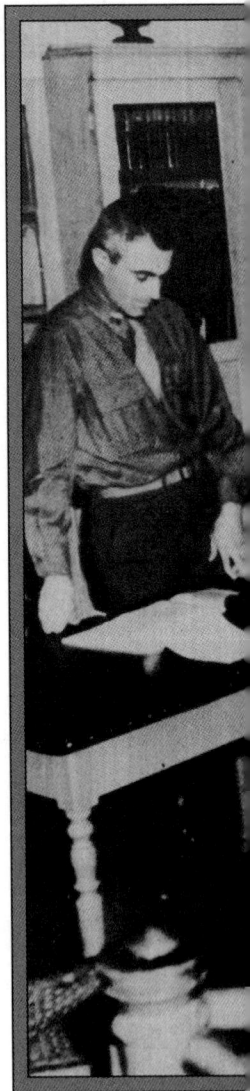

1945 年 5 月 29 日，疑为狼人成员的 17 岁的齐格菲·本茨（小图中人）在美国军事法庭上受审。他被控抢劫、恐吓德国百姓。

越来越操心继任人选的问题。3月中旬的一天，他与一个女秘书单独进午餐时，表示不考虑所有的竞争者，甚至也不考虑鲍曼。"无论哪一方都骗我，"他难过地诉苦说，"我谁也靠不上。他们全背叛了我。如果我有什么不测，德国会国中无主的。我没有接班人。"

希特勒自己的身体及心理状况都十分不佳，接班人的问题因而引起了广泛的关注。在去年夏天的暗杀事件中，他躲过一劫，只受了些轻伤。然而，约德尔将军在最高统帅部作战指挥部的副手瓦尔利蒙特少将却另有看法："似乎就在这一惊之下，他的所有恶劣本质，无论是生理上的还是心理上的，全都暴露了出来。"希特勒随后病魔缠身——牙病、头痛、黄疸、胃痉挛，也许还发过一次心脏病，1944年9月里有三周时间他卧床不起。他双手及左腿颤抖的现象在炸弹爆炸后曾一度消失，后来又恢复了原状。有几个医生，尽管谁也没对希特勒做过检查，却据此推断他患了帕金森症。他的情绪平日就容易波动，此时更是变幻莫测，时而雷霆大发，时而沮丧消沉。

希特勒服下的药物简直就是摧残他身体的帮凶。人人皆知，希特勒一向患有疑病症，而为他做了9年私人医生的西奥多·莫雷尔大夫至少在元首身上下了28种不同的药。这位大夫颇似江湖游医，早年曾任随船医生，是柏林波希米亚群落里的性病专家。莫雷尔声称是他发明的青霉素，只是被英国特务盗去了秘方。他靠制造巧

马丁·鲍曼随希特勒穿过伪装网去视察一座微缩模型。鲍曼照惯例落后他的主人几步。鲍曼大权独揽，呼风唤雨，他那"元首秘书"的谦恭头衔远不足以反映其权势之万一，因此有一个嫉恨他的同僚称他为"元首的靡菲斯特"（浮士德故事中收买浮士德灵魂的魔鬼）。

克力维生素等一些江湖秘药发了财，其中有许多药他首先在元首身上试用过。他给希特勒使用的药有安非他命、牛睾丸的提取物、有毒的士的宁，也许还有吗啡。

希特勒的身心健康每况愈下，且不论是何种原因造成的，他选择的地府生活却真的加重了他的病情。1945年1月16日，在一次盟军大规模空袭后，他搬进了元首地堡，从此就再没有搬出来。元首地堡是总理府和总理府花园下方的三个地下掩体之一。他不但担心挨轰炸，也害怕遭暗算，更恐惧新鲜空气和运动带来的病菌，于是便顺理成章地做出了这个选择。

他的地府新家占地超过 50 英尺，由一块 16 英尺厚的混凝土板护顶，顶上还压上了 6 英尺厚的泥土。地堡有两层，隔成 30 多个小套间，分做办公和居家之用。他身边跟随的将领、医生、助手、秘书和保镖要么住在上面一层，要么住在附近政府大楼下面的地堡里。希特勒大部分时间都待在下层自己独用的三居室里，或隔壁挂有大幅落地地图的会议室中。

除了偶尔进总理府开会，晚上去遛遛他的阿尔萨斯牧羊犬布隆迪，他根本不踏出地堡一步。他幽闭在潮湿、发霉的混凝土墙里，越来越脱离现实。所有报告坏消息的人他都一概不见。当戈培尔将记录盟军轰炸著名纪念碑及标志性建筑物的照片拿给他时，他甚至都不肯看一眼。

希特勒的身体越来越虚弱，他的无政府主义思想却越来越严重。他扬言："我们不投降——不，绝不！我们也许会被打垮，但如果我们真被打垮，我们垮时也要拉上一个世界——一个火光冲天的世界。"这一套老调他在 1934 年就说过，已经说了十几年。戈培尔本来就是个做戏高手，这时更是巧舌如簧，煽风点火、花招百出，为希特勒的破坏欲火上浇油。他力劝元首在战场上使用毒气，不承认有关战俘待遇问题的《日内瓦公约》以及处决上千名英美飞行员，作为对 1945 年 2 月盟军将德累斯顿夷为平地的报复。出人意料的是，这些提议

下面的剖面图展示了希特勒地堡的详细布局。右边为柏林市中心的地图。从上面的照片中还可以看到通到花园的紧急出口和未完工的哨塔。整个建筑在大战中得以幸免，却于 1988 年被东德拆毁。

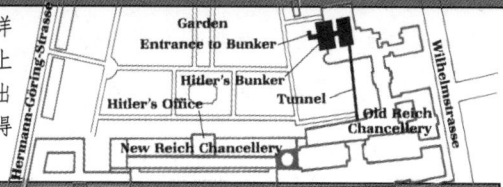

Garden
Entrance to Bunker

Hermann-Göring-Strasse

Wilhelmstrasse

Hitler's Bunker

Hitler's Office

Tunnel

Old Reich Chancellery

New Reich Chancellery

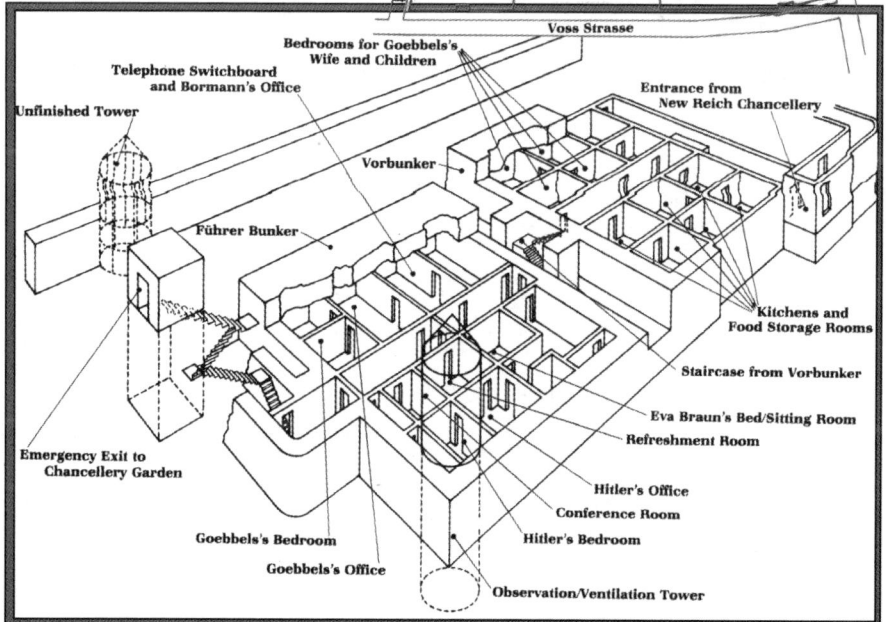

Voss Strasse

Bedrooms for Goebbels's
Wife and Children

Telephone Switchboard
and Bormann's Office

Entrance from
New Reich Chancellery

Unfinished Tower

Vorbunker

Führer Bunker

Kitchens and
Food Storage Rooms

Staircase from Vorbunker

Eva Braun's Bed/Sitting Room

Refreshment Room

Emergency Exit to
Chancellery Garden

Hitler's Office

Conference Room

Hitler's Bedroom

Goebbels's Bedroom

Goebbels's Office

Observation/Ventilation Tower

希特勒一个都没采纳，反而将同归于尽的毁灭狂想用来对付自己的臣民。

在希特勒的所有无政府主义法令中，毁灭潜力最大的也许当属他所谓的"焦土政策"。只要是对来犯之敌有用的东西，统统付之一炬，或者销毁一空，这种做法古已有之，其历史简直与战争一样悠久。早在 1943 年 9 月，苏联境内的德军败走之时，希特勒就对撤退部队下达了这样的命令。然而从 1944 年 9 月开始，当盟军从东西两面逼近德国边境时，希特勒就图谋在第三帝国境内实施这一政策。他勒令，留给敌人的只能是一片荒芜，不但要烧毁农庄和工厂，还要清除电话线路、排污系统和电力设施，总之一个秩序良好的社会的一切基础设施统统要毁掉。

正是这种政策让艾尔伯特·施佩尔最终幡然醒悟。元首这个忠诚的建筑师和军备部长是他身旁为数不多的几个尚有几分道德感的人之一，也是标准的技术官僚。他赞成兴兵征战，特别喜欢建厂、修路，设计庞大无比的建筑。可是，既然焦土政策随时会将他建造的世界化为废墟，施佩尔就要展开行动了。他竭力避免与元首正面交锋，只是默不作声地取消了许多焚物毁屋的命令，为保存比利时、法国北部乃至德国的矿山和工厂出力不少。施佩尔非常担心希特勒的事业会毁掉德国战后的前途，因而于 1945 年 3 月策划了一个暗杀阴谋。他计划将毒气灌入元首地堡的通风系统，但没料到地堡修建了

1945年元旦，在款待（自左起）军备部长艾尔伯特·施佩尔、最高统帅部作战指挥部部长约德尔将军、最高统帅部长官凯特尔元帅和外交部部长冯·里宾特洛甫时，希特勒又罕见地展示了昔日的领袖魅力。随着德国形势急转直下，元首也只要附和他的顾问随侍左右了。

一个防护烟囱，挡住了通风井的开口，计划失败了。

施佩尔于是决定直接与元首交涉。据他后来讲述，他决定"冒着掉脑袋的危险"，写出一份直言不讳的22页备忘录，呈交希特勒。"预期在4～8周内，德国经济无疑将彻底崩溃，"他断然宣布，"即使只能动用最原始的手段，我们也必须全力以赴维持国家生存的基础，直到最后一刻来临。"

3天后，3月18日，施佩尔前往地堡，接受元首的相片，这是他40岁生日的贺礼。希特勒在相片上题写了热情的致辞，但接着他冷冰冰地驳回了他的建筑师所写的备忘录。"如果战争打败了，"他宣布，"人民也

169

将丧命。德国人民需要什么来维持基本生存，这点根本不用操心。相反，我们最好是连这一类的东西都摧毁干净。因为这个民族已经证明了自己是弱者，而未来只属于强大的东方民族。不管怎样，战后苟活下来的只会是些劣等人，因为优秀人物已经战死了。"

第二天希特勒针对施佩尔的恳求发表了更为严厉的书面答复，后称为尼禄法令。尼禄法令要求破坏"一切军事、运输、通讯、工业和供应设备以及敌人可能立即或在可预见的将来用于延续战争的帝国内全部资源"。接着鲍曼签发补充命令，授权纳粹党各大区领袖执行尼禄命令，并且将施佩尔手中仅存的工业管理权也夺走一大半。他甚至不顾众人怨声载道，命令处于盟军前进道路上的城市、乡村里的所有居民全部撤离。

施佩尔现在使出浑身解数来为尼禄法令设置障碍。这位建筑师和希特勒的私人司机一道（希特勒误以为有他司机在场便能捆住施佩尔的手脚），在第三帝国飞速缩小的领土上疾驰，不停地向工厂经理、军队将领和大区领袖恳谈求情。在鲁尔山谷，他劝说执行人员将用来摧毁矿山的炸药埋进煤矿的污水沟里。他答应给当地警卫和厂方官员配备冲锋枪，好让他们阻止破坏小组毁掉火电厂和工厂。在海德堡，他和同僚尽职尽责地将炸掉巴登－符腾堡州所有公共设施的大区领袖令——准备好，然后投入邮箱，只是这邮箱却在一个即将被美军占领的镇子里。

美丽城池的
灭顶之灾

在这张空袭前拍下的照片中，德累斯顿真是金碧辉煌、
流光溢彩。左边是巴洛克式的茨温格宫。

1945年2月初，成千上万的难民从第三帝国的东部各省涌入德累斯顿，德累斯顿的人口一时激增至120万人以上。难民们甩掉红军的追击之后，以为自己在这座萨克森州的首府找到了栖身之地。德累斯顿素以童话般美丽的巴洛克式建筑闻名天下，在军事上并无重要性可言。尽管德累斯顿郊外的工业区挨过几次轰炸，但德国人相信盟军不会瞄准这座城市，便把城里的防空设备都运去了更需要的地方。

所以，当2月13日晚，244架英军轰炸机开始将高能炸弹和燃烧弹投到城中时，德累斯顿完全给打了个措手不及。3小时后，一支更具威力的飞行舰队又发起了攻击，美军飞机也接踵而至。从天而降的三道攻击波刮起了烈焰风暴，温度超过华氏1000度。这股人造飓风耗尽了空气中的氧气，风过之处，无一幸存。在德累斯顿空袭中到底有多少人死亡，我们永远也不会知道了。最乐观的估计是13.5万，大约是那一年晚些时候死于广岛原子弹爆炸的人数的两倍。

171

吞没了德累斯顿 11 平方英里的烈焰风暴威力究竟有何等
惊人，这断垣残壁默默地做出了回答。

德国军人和警察在阿尔特马克广场尽力辨明尸体的身份，这些尸体随后被投入柴火堆中焚化。

一个士兵架好尸体，准备焚化。烧后的骨灰被铲入马车，运去掩埋。

希特勒从鲍曼处得知施佩尔充满勇气的冒险之旅后，把他召了回来。"要是你不是我的建筑师，"他告诉施佩尔，"我就会采取这种情况下理应采取的措施。"元首竭力想让他休假，施佩尔一口回绝。希特勒要求他否定自己的战败论，施佩尔又一口回绝。希特勒几乎是哀声乞求他的旧日门生："只要你希望我们还没有战败就好了！我也就不复他求。"他给施佩尔留了24小时的思考时间，施佩尔最终还是单独向元首表白了忠心，让元首老怀大慰。希特勒非常感动，甚至还恢复了施佩尔的某些权力，并且同意对工业设备采取"损坏"的做法，不再彻底销毁。奉此尚方宝剑，施佩尔正好对焦土政策的余下内容继续暗中破坏。

在希特勒看来，施佩尔的失败论作恶之深并不亚于他的实际作为。元首仍然执迷不悟地认定第三帝国会取得最终的胜利。他预言各派敌人会反目成仇，西方强国会与德国精诚合作，调转枪口对准苏联。在去年夏天，上帝将他从阴谋家的炸弹中拯救了出来，现在他指望再现奇迹，让四面来敌一一退去。

希特勒经常从他的英雄腓特烈大帝的历史事迹中寻求安慰。他将腓特烈大帝的画像挂在地堡里书桌的上方。当戈培尔朗诵托马斯·卡莱尔撰写的腓特烈大帝传记时，他在一旁倾听，双眼含着泪花。这个18世纪的普鲁士国王同希特勒一样，也曾大祸临头。在七年战争中，1762年，俄国同其他五国的大军开到了普鲁士的

1945 年 3 月，（自右至左）海军上将邓尼茨、帝国元帅戈林、陆军元帅凯特尔和帝国总督赛斯－英夸特步行去开会。在戈林失宠后，希特勒选中邓尼茨接班。这位海军上将在石勒苏益格－荷尔斯泰因建立了一个政府，1945 年 3 月 23 日英军逮捕了他，此时，他刚刚上任 23 天整。

国门之下。看来大势已去，腓特烈定下一个最后期限，到时他将服毒自尽。然而，离最后期限还有三天时，他的最强大对手，俄国的伊丽莎白女皇意外死亡。敌人的联军分崩离析，腓特烈同伊丽莎白的侄子彼得三世签下了和约。

戈培尔翻出了希特勒的旧占星图，为这个鼓舞人心的故事加了一个注脚。这张图是 1933 年希特勒初登宝座时拟就的，据说它准确地算出了战争的历程。它预言战争在 1939 年打响，预言德国会初战大捷，甚至还说中了近来的几次灾难性的大败仗。令希特勒高兴的是，占星图预言德国会在 1945 年 4 月的下半月打一个翻身仗，然后在 8 月和平停战。

1945 年 4 月 12 日，美国总统罗斯福去世。于是戈培尔相信历史又在重演。卡莱尔的传记和星相里记载的奇闻逸事再度发生了。他打电话给希特勒，而希特勒那时正挥舞着登载罗斯福讣告的报纸在地堡里兴奋地冲来冲去。"我的元首，我向您表示祝贺，"戈培尔说，"命运已将您的大敌打倒。上帝没有抛弃我们。奇迹发生了。"

希特勒起初计划离开柏林，等着看这个奇迹发生作用。他准备南下贝希特斯加登，躲入自己的阿尔卑斯山庄，同时继续交战，只待苏联和西方列强不可避免地一拍两散。尽管阿尔卑斯据点不过是戈培尔一手炮制出来的传说，不过还是有工人在那儿干了一个月，大范围地修建防御工事。政府部门已经开始往那儿搬迁，希特勒也打算在 4 月 20 日他生日那天搬去。然而尽管鲍曼和戈林一再催促，恳求他趁着美、苏两军间的狭窄通道尚未堵死赶紧搬走，他却迟疑了。他喃喃自问，他如何能"号召军队为柏林一决生死，同时自己又躲进安全的地方"。

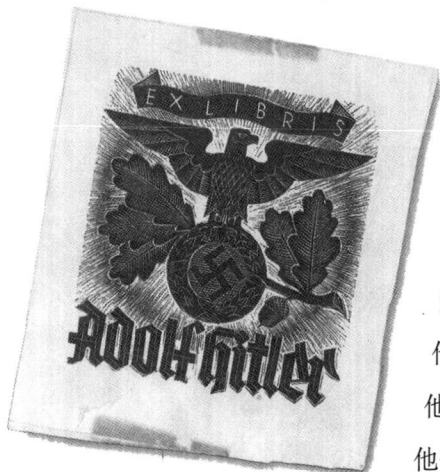

这张藏书票得自伯格霍夫的图书馆，伯格霍夫是希特勒在巴伐利亚东南部贝希特斯加登的别墅。元首没有听从他大多数顾问的劝告，去山庄避难，而是决定留在柏林——比起那座艾尔伯特·施佩尔称为"周末度假地"的山庄，柏林为他最后自杀提供的背景更具英雄气概。

4 月 22 日星期日，生日刚过两天，希特勒就做出了决定。他命令发起反攻，这命令却无法执行，而俄国人的装甲车已隆隆驶进城中。他在那天下午的军情会上得知德军节节败退后，简直是大发雷霆。他疯狂地挥舞着双拳，热泪淌过脸庞，他咒骂着会上的将军们，又一次责怪他们叛国、不忠。"全完了，"他啜泣道，"仗打输了，我要饮弹自尽。"

希特勒一定要留下来，在柏林了结一生。而邓尼茨海军上将，仍然深得他信任的不多的军官之一，将在波罗的海附近的普伦基地指挥北部的战斗。而且希特勒还认为，如果到了该与盟军和谈的时候，戈林会比他更胜任这项任务。他的将领们竭力劝说他打消这个念头，提醒他应为德国人民和纳粹军队尽职尽责。但希特勒不为所动，他甚至还破釜沉舟，下令向全民广播他的这一决定："元首就在柏林，将与将士们一道为保卫首都殊死一战。"

驱使元首下决心留下的是他的戏剧情结以及戈培尔的戏剧情结。他和戈培尔经常谈论"众神的黄昏"这个概念。瓦格纳的这部歌剧正是希特勒的最爱，然而那并不只是一部歌剧而已，其故事大半取自日耳曼的神话。故事发展到高潮，所有的神灵，其实是所有的生灵，都会在与邪恶势力的战斗中死去。在顾问圈子里，希特勒只想让戈培尔一人留下来，与自己一道分享辉煌的终曲。"当我们离开这个舞台之际，"他拿腔拿调地吟诵道，"地球将会为之震颤。"

在希特勒盛邀之下，4月22日，戈培尔带着他的妻子和6个孩子搬进了地堡。这5个男孩和1个女孩年龄从4岁到13岁不等，名字全以H开头，以示对希特勒的敬意。他们管希特勒叫"元首伯伯"，这点很讨他欢心。希特勒的情妇，爱娃·布劳恩已于一周前住进了地堡。她的露面和戈培尔一家的到来，给地堡的工作人员发出了一个明白无误的信号。"现在人人都看出了不祥之兆，"希特勒的保镖赫尔穆特·贝尔曼上尉回忆到，"最后一幕就要上演了。"

希特勒的戏要在他的地下舞台上演，而不是他发誓要保卫的大街小巷。当红军打进城里，街上枪声大作之时，元首地堡里却不同往常，完全波澜不惊。鲍曼和几个将军仍然每日从附近的地堡赶来，只是耗费了希特勒大量时间和感情的军情会已毫无意义。希特勒整天忙于挑选要焚毁的文件。夜里他很少入睡，每晚只睡3～4个小时。

　　大部分时间他都躺在装饰简陋的书房里那张窄窄的沙发椅上。他那从前纤尘不染的制服上衣如今被食物弄得邋里邋遢，他的嘴上还挂着饼干屑。他一边狼吞虎咽吃着巧克力饼干，一边和3月布隆迪产下的4只狗仔玩耍。他最喜爱其中一只雄狗仔，他亲自训练它并为它做洗礼，还将自己以前的绰号"狼"给它作受洗名。他躺着时就把"狼"放在腿上，一边抚摸着它，一边不停地叫着它的名字。他常引用腓特烈大帝的话："我因为了解人，所以喜爱狗。"

　　不过，有时希特勒也会突然兴起，一反平时的木讷呆滞。他情绪的起伏比以往更为剧烈。在情绪的起伏中，莫雷尔医生的药物疗法究竟扮演了什么角色，我们尚不得而知。莫雷尔于4月22日离开地堡。"我不需要药物来帮我一把。"希特勒大嚷道。然而，莫雷尔还是把他那些江湖秘药留给了元首，而且走之前也许还给他做了最后一轮注射。

　　就在希特勒决定绝命地堡的第二天，4月23日，他大大发了一通脾气。此时已待在贝希特斯加登的别墅里的戈林，听说希特勒有关帝国元帅更胜任谈判工作的言论后，信以为真。戈林用无线电给元首发了一封信："鉴于您决定留守柏林要塞，您能否同意我作为您的副手马上全权接管第三帝国的领导权，在国内外完全享有自由行动的权力，以配合您于1941年6月29日发的命令？"

　　当这信送到时，希特勒正和前来告别的施佩尔静静地缅怀往事。也许是因为这信表达出了戈林的效忠之意，希特勒接到信后很平静，尽管鲍曼起劲地称之叛国，可他没有理会。但接着鲍曼又弄来一封信，是戈林写给外交部部长冯·里宾特洛甫的，内容是有关接班的问题。鲍曼利用这封信唆使希特勒相信，戈林的话中有谋反之意。如此一挑拨，元首果然勃然大怒，将他昔日那位门生斥为懒汉、瘾君子、"无耻之极的恶棍"。他赞同鲍曼的提议，剥夺戈林一切职务，以叛国罪逮捕他。但是接着希特勒的意志又消沉了下去。"让戈林去负责投降谈判吧，"他说，"如果战争失败了，谁去投降都无所谓。"

　　不管怎么样，希特勒还是坚决罢黜了戈林。而且他又为濒临灭亡的空军任命了一个总司令，其实这种举动已毫无意义。希特勒选中了德国一名头牌飞行员，52岁的一战老兵，冲锋在前的战斗机驾驶员冯·格莱姆将军。在 1920 年短命的卡普暴动期间，格莱姆为希特勒开过一次飞机。那次飞行还没飞到目的地，他们就迫降了，未来的元首从此害怕坐飞机。但待希特勒掌权之后，格莱姆还是被任命为新成立的空军第 1 中队中队长，以后他就任过各种要职。

　　希特勒对地堡外的一切喧哗不闻不问，所以他紧急召见格莱姆前来面谈，而不是用无线电或电话通知他升职。4 月 24 日召见令送达慕尼黑附近格莱姆的基地，

1945 年 4 月 21 日，希特勒视察新帝国总理府的受损情况。他总算接触到了饱受战火蹂躏的柏林的真实面貌：从 1 月中旬开始，希特勒大部分时间都待在地下，对德国人民的苦难不闻不问。

但盟军空袭使格莱姆无法即刻启程。他带着他的情妇，大名鼎鼎的特技飞行家和试飞员汉娜·莱契，赶到柏林以北 90 英里的雷希林大空军基地，在那儿他们耽搁了一天。最后，他们征用了一个飞行员和一架 FW-190 式战斗机。这架飞机实在是小得可怜，连身材娇小的莱契也只能从紧急出口爬进去，蜷缩在后舱里。他们由大约 40 架战斗机护航，往加图飞去。加图就在柏林西边，是该地区唯一还开放的机场。待他们着陆时，小飞机的机翼已被苏联防空火力打得千疮百孔，半数护航的战斗机已被击落。

4 月 26 日，格莱姆亲自驾驶一架费泽勒·施托希侦察机完成最后一段路程。在小小的两座驾驶舱里，莱契坐在格莱姆身后。格莱姆几乎是贴着树尖飞过，以躲

181

避盟军战机的袭击。两天前苏军的步兵和装甲车就已开
进城里，此时正在下面巷战。突然间，敌人的防空火炮
击穿了油箱，打坏了驾驶舱地板，格莱姆的右腿受伤严
重。当格莱姆因失血昏迷过去时，莱契冷静地伏身越过
格莱姆，掌起了机舵。10分钟后，她把飞机降落在战
火正炽的柏林正中心，这时那儿的树木和路灯柱都已被
清除一空，在勃兰登堡门附近临时清理出了一条跑道。
她叫了一部车，把她和她受伤的情郎一起送到了地堡。

　　这就是那对天不怕地不怕的情侣对希特勒的满腔崇
敬，他俩如此不惜牺牲性命、折损飞机，只为满足希特
勒要当面提拔格莱姆的心愿，而格莱姆虽升为陆军元帅
和空军总司令，可此时他几乎已无兵可领。莱契给戈培
尔的孩子们讲飞行的故事，教他们用真假声唱歌，哄他
们玩。受伤的格莱姆在地堡卧床疗伤，当希特勒亲去探
望他时，他简直大喜过望，觉得"好似痛饮了青春泉"。

　　格莱姆的前任，惨遭罢黜的戈林，并不是唯一一个
急于与西欧盟军媾和的纳粹头目。希姆莱，这个一向爱
标榜自己忠于元首，被元首称为"忠实的海因里希"的
门徒，早已身陷其中了。就在罢黜戈林的那一晚，自认
是希特勒真正继承人的希姆莱，在波罗的海的吕贝克城
与一个居中斡旋的瑞典人会谈，企图单独与西欧讲和。

　　这个瑞典人是威斯伯格的福尔克·贝纳多特伯爵，
瑞典红十字会副会长，瑞典国王的侄子。这次会谈促使

希姆莱一举抛弃了希特勒。他之所以疏远希特勒，完全是受两个各怀异心的助手的影响。一个是费利克斯·克斯滕，爱莎尼亚出生的芬兰按摩师，他不但用神奇的双手解除了希姆莱肠胃痉挛的痛苦，还用人道主义的关怀打动了党卫队领袖的良心。多亏克斯滕，也幸亏希姆莱想在西方盟国面前表现一番，保存自己，成千上万的犹太人和别国战俘才在战争的最后几个月里幸免于难。另一个举足轻重的人物是瓦尔特·施

1945年4月下旬，新任空军总司令冯·格莱姆陆军元帅（左）和胆大妄为的试飞员汉娜·莱契从慕尼黑一路狂飙至柏林，上演了一幕惊险剧。飞到柏林后，他们想与希特勒一同赴死，但希特勒没有答应。1个月后，格莱姆自杀身亡，但莱契，这个唯一获得过铁十字勋章的女性，却一直活到了1979年。

伦堡，这个不为人知的前反间谍头子和希姆莱的长期助手，力劝他抛弃希特勒，如果有必要甚至还要谋杀他。施伦堡认为，只有单独媾和，也许还要利用欧洲剩下的犹太人做人质，希姆莱和党卫队才能免遭灭顶之灾，从而统治战后的德国。

经克斯滕和施伦堡多方努力，1945年2月希姆莱和贝纳多特在德国北部一所党卫队医院会面了。他们在那里接连密谈了两次，议题集中在斯堪的那维亚半岛的犹太人和德国集中营里的其他犯人的释放问题。当时，希姆莱仍然唯希特勒的命是从，不但自己不敢与希特勒

决裂，也容不得别人有半点不忠的意思。比方说，4月
13日当得知他深为信任的前任副官，驻意大利的党卫
队头子卡尔·沃尔夫将军与美国间谍艾伦·杜勒斯在瑞
士会面时，他大为震怒——后来发现，他们是在商谈意
大利境内德军投降的条件。

　　然而，当4月22日希特勒决定留在柏林赴死时，
希姆莱终于如释重负。他说，这个决定使得他不用再效
忠元首了。第二天晚上，他和贝纳多特在柏林的瑞典领
事馆里就着烛光会面了。那里的电力已被切断。很快，
空袭又逼得他们躲进了领事馆的防空洞里，阴谋的气氛
因而更加浓郁。希姆莱告诉他，希特勒打算毙命柏林。
他估计自己会接希特勒的班，于是便授权贝纳多特通过
瑞典政府向美英两国传达他的意图：第三帝国一面投降，
一面继续与俄国交战，直到西方盟军赶来解德军之急。

　　与贝纳多特谈完之后，接下来几天里希姆莱都在认
真考虑日后掌权的种种细枝末节。他仔细琢磨战后自己
用来统治德国的政党该取个什么名字，还为面见盟军最
高统帅艾森豪威尔将军时该鞠躬还是握手讨论了一番。
4月27日星期五，秉烛会谈4天后，贝纳多特通过施
伦堡传来毁灭性的消息：西方不接受如此不彻底的投降，
他的幻想破灭了。

　　第二天，希姆莱放出求和之风的消息，通过斯德哥
尔摩电台的新闻广播传到希特勒耳边，地堡里顿时炸了
窝。对于希特勒来说，希姆莱的背叛比戈林对他的打击

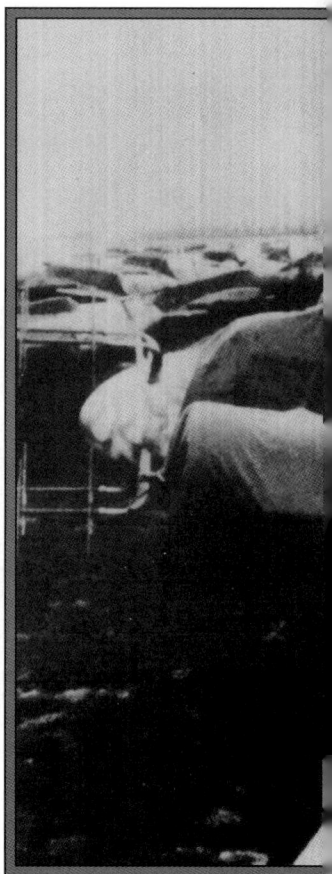

闲置机场的德军战机上搭着防水帆布。尽管德国空军不缺战机，但他们几乎滴油不剩，无法驾机上天。

更甚，戈林要接管大权至少还要请他允许。忠实的海因里希，一向忠心可鉴，这回背后捅了他的元首一刀。希特勒脸气得铁青，破口大骂他的门徒犯下欺君之罪，真是史无前例。他认定党卫队上下都有谋反之意，于是下令处死菲格莱因将军，他是希姆莱派驻希特勒大本营的联络官，因觉疑风日炽而于两天前溜出了地堡。希特勒为了确保"一个叛国者绝不能承我的元首之位"，下令他北部的司令部逮捕希姆莱。

希特勒把这个任务派给深得他信任的新任空军总司令格莱姆陆军元帅以及汉娜·莱契。这一对情侣想留下来与元首共赴生死，元首就在两天前迎接莱契时还送给她及格莱姆几瓶毒药，以备不时之需。但希特勒一定要他们走，于是星期六午夜刚过，格莱姆就架着拐杖，一瘸一拐地走出了地堡。在勃兰登堡门旁，两天前送他们到加图的那个大胆的飞行员正在一架阿拉多96式训练机上等候。这架飞机只有两个座位，所以莱契只得挤在座位后面。当他们从碎砖断瓦的大街飞上空中时，下面激战正酣的街道朝小飞机发出一道道探照光，大小枪炮一齐开火。不过他们在4500英尺的高空上躲进了云层中——"一片片蓬松、雪白的云朵"，莱契忆及当年的雷希林往事时痴迷地写到，"一张巨大的被子盖住了烈火熊熊的失守之城。"

格莱姆一路北上，在雷希林空军基地降落，企图执行元首派给他的第二项任务。希特勒命令他提供空中支援，以缓苏军围困柏林之急。差不多一周前，凯特尔陆军元帅和约德尔将军已离开地堡，去调集部队解围。元首此时还相信，至少有三支不同的德国救援部队正赶往首都。事实上，他所指望的部队大部分已逃往西部，去向美军投降。真正靠得住的就只有新组建的第12集团军，其指挥官是古德里安能干的前任副官温克将军，他从易北河朝东北方一路打来。而格莱姆则想方设法调集了几架宝贵的飞机，但与柏林四周上空盟军的压倒性优势相比，这些飞机简直不值一提。

柏林的末日之战与其说是希特勒和戈培尔想象中瓦格纳式辉煌的天崩地裂，不如说是一场超现实主义噩梦。同他们地堡里的领袖一样，大部分柏林人如今都住进了地下——平常柏林人口大约为400万，但眼下由于难民从东部涌来，人口暴增。人们在防空洞、地窖和地下通道里藏身，只在寻觅食物和饮水时才冒险出去。在上面遍地瓦砾的大街小巷，路灯柱和树上都吊着尸体，许多尸体上还贴着布告，指控他们怯战或叛国。他们都是所谓飞行军事法庭的受害者，党卫队队员和狂热的纳粹党徒把持的这个飞行军事法庭把他们从地窖里赶出来，因他们不愿去为这场毫无希望的战争出力而判处他们死刑。

在战场上，德国人实在是寡不敌众。苏联的百万大军从四面八方逼来，而守城之军所有的兵力在巅峰时期也不超过2．5万有经验的士兵——他们包括第57军被打散的两个师的散兵游勇，从波罗的海地区空运来的两个营的海军学校学员，还有法国人、荷兰人和斯堪的那维亚人，外加人民冲锋队护乡队的老头们和希特勒青年团的青少年组成的党卫队杂牌军。此时所有武器都短缺，只有"铁拳"反坦克火箭筒供应充足，柏林的工厂和机器作坊仍在制造这种反坦克火箭筒。这些单弹头、反坦克的榴弹发射器装在马车上运到各条街道，向未经训练的市民任意发放，大家拿着它打掉了好几百辆苏军坦克。

当苏军炮手将大炮对准总理府时，战火已蔓延到了希特勒的地堡。花园里碎石横飞，花园下方的地堡震动得厉害。通风系统的进风管道吸入了大量的尘土和烟雾，通风系统不得不连续关闭了一个小时。炮弹轰炸也使地堡与外界的无线电与电话通讯受到定期干扰。格哈德·博尔特上尉回忆说，守城部队传来的消息彼此矛盾、混乱不堪，他和地堡里的其他军官为收集敌军情报，只得明知不可为而为之。他们给熟人打电话，甚至还在电话簿上随便挑出一个地址类似的人，打电话询问："打扰了，夫人，您看见俄国人了吗？"

4月29日星期日清晨，地堡里的噩梦开始落幕了，这时格莱姆正飞上蓝天，去完成他那逮捕希姆莱、空中解救柏林的双重任务。希特勒还不知道，温克的第12集团军在首都西南20英里处陷入了困境。"进攻柏林已不可能。"那天晚些时候，温克发出了这样的讯息。

在柏林，德军控制的领地已缩为一块从东到西不到9英里长，宽1英里多一点的孤地。俄军先头部队从北至南打通了政府区。红军各部队彼此争夺攻占国会大厦的荣誉。这座熏得漆黑的旧国会大楼尽管从1933年就已停止使用，对俄国人来说它仍是第三帝国的象征。苏联坦克隆隆驶进波茨坦默广场，这里离总理府西南不到半英里，而且希特勒的地下掩体前面只有不到一个营的党卫队队员守卫。柏林最后一位指挥官赫尔穆斯·魏德

1944 年 6 月，爱娃·布劳恩的妹妹格蕾特与一个党卫队军官结婚，在婚礼后的招待会上，党卫队乐手为爱娃奏小夜曲。元首称他这位一头草莓红发的情妇和未来的新娘为"Tschapperl"，这是一个奥地利方言词，意为"亲亲宝贝"。

林将军汇报了这些情况后，为希特勒呈上了一个突围出城的计划。希特勒回答说，照那样逃得一时，就等于说他要"在露天或农庄的某个地方"等待末日降临。

就在那时，元首决定进行自杀前的最后准备工作。危在旦夕的战局，尤其是希姆莱的反戈一击，逼得他痛下决心。他写到，第一步是要嘉奖"多年来真诚友爱，自觉自愿来到这座城市和我同命运共呼吸的女人"。他从前总是说婚姻会妨碍他领导第三帝国，现在这种说法已不再有任何意义了。

29 日一大清早，希特勒和爱娃·布劳恩就来到地堡的地图室。他们身前站着一个身穿纳粹制服的中年人。

189

他叫瓦尔特·瓦格纳，一个低级市政官和纳粹党干部，具备必要的公证员资格，是临时被人从附近的护乡队岗位上招来的。新郎穿着他常穿的土灰色制服，新娘身着希特勒喜欢的裙子——一条黑色塔夫绸裙，肩带上有金色环扣。两人都发誓说他们是"纯雅利安种族"，接着，按照战时简化的婚礼仪式，他们交换了简单的誓言。鲍曼和戈培尔作为证人在结婚注册簿上签了字。

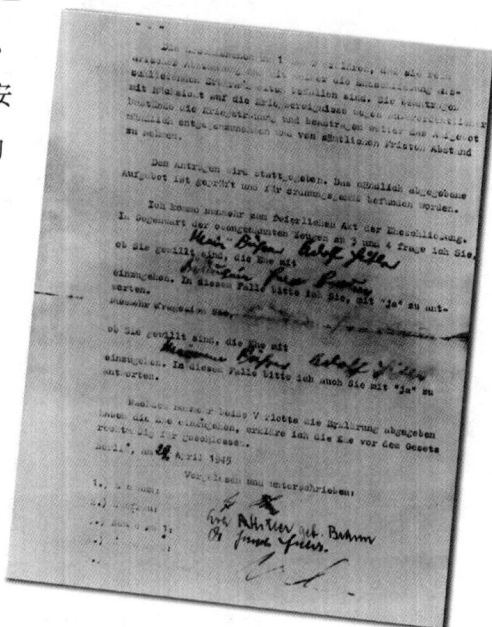

接着，元首的私人套间里举行了一场招待会。参加婚礼招待会的有戈培尔、秘书、副官和希特勒的素菜厨师。客人们饮着香槟，吃着肝泥肠三明治，聊着快乐的时光。刚刚还是个局外人的瓦尔特·瓦格纳告辞离去。他在返回威廉大街岗位的途中被一枪打死。早上 2 点，希特勒和他的秘书格特鲁德·容格也离开了招待会。他们穿过大厅，走进小书房。在那儿，元首开始口述他的遗嘱，容格一旁速记。

那一番话让人大为扫兴。容格后来回忆到，当时她以为可以聆听元首对这场战争，对于第三帝国的败落亲口做出解释，激动得浑身颤抖。但是元首说出来的，是

这份匆忙打印出来的东西是阿道夫·希特勒和爱娃·布劳恩结婚证书，上面有几处改动的笔迹。爱娃起初签下了她的闺名，接着又划去，写上"爱娃·希特勒，娘家姓布劳恩"。主持婚礼的军官注意到午夜已过，便把日期改为 4 月 29 日。

她以及千百万人早已耳熟能详的。希特勒扬言，他不该为挑起战端承担责任，那是犹太人的罪过。他接着说，打败仗同样也不是他的责任，是他的将军们铸成大错。千百万人死于非命，第三帝国毁于一旦，那天晚上对于他的所作所为，他的嘴里却没有吐出一句自责、道歉的话。希特勒似乎天生缺乏内疚感，11 天前他早已有言在先："如果德国人民打输了这场战争，那么就证明了有负于我。"

他的遗嘱中唯一出人意表的地方是久悬未决的继承人选。当然，戈林和希姆莱已被剥夺了一切党政职务，"因为他们私自与敌媾和"，"企图谋权篡位"。施佩尔和里宾特洛甫也被赶出了内阁。戈培尔被任命为总理，而鲍曼，"我最忠实的党内同志"，被任命为党务部长和遗嘱执行人。但希特勒选中作为德国总统、战争部长和武装部队最高统帅的人，却不是多年以来彼此争得头破血流的那几个对手。他为第三帝国挑选的领袖是 54 岁的海军上将邓尼茨，这个服役时间最长、最为能干的德军司令。这个选择即使是用希特勒那扭曲的眼光来看也是完美无缺的。在他眼中，军队将领、政客，甚至连党卫队都背叛了他，因此，承他大业的便是一个水兵。

那个星期天剩下的时间里，他都在有条不紊地为自杀作准备。三个信差各携一份希特勒遗言的复件离开了地堡，他们身负重任，要溜出苏军阵地，前往邓尼茨及两位军队总司令处。（三人均未能到达目的地。）希特勒

还命令助手们务必设法不让他的尸体落入敌人手中——他之所以下这么一个命令，是因为那天意大利传来消息，说他的老伙伴墨索里尼及其情妇被游击队毙后，尸体被挂在米兰的市场上，任人投掷石块、吐唾沫。那晚，他签署了最后一份无线电电报，苦苦追问温克将军及其他救援分队的下落。他们没有及时收到回音，鲍曼马上嗅到了背叛的气味，他致电邓尼茨，后者这时还不知道继位的事："元首命令你马上打击一切叛国者，行动要快，下手要狠。"

他还下达了一项命令。希特勒想试验一下他打算服用的毒药。午夜刚过，地堡的兽医和驯狗师领着布隆迪走进了元首的卧室。他们往它的嘴里放入一支装有氰化钾的安瓿瓶，接着用镊子打破了瓶子。希特勒随后走了进来，看到他钟爱的狗横尸地上，他没有丝毫动情的表示。接着，驯狗师以酒壮胆后，又将布隆迪的四只狗仔、另外两只狗以及他自己的猎獾狗一一开枪击毙。希特勒在离去之前，将相邻两座地堡里大约20个人请到会议室。他与他们挨个握手，却一言不发。

希特勒在他的最后一夜只睡了一个小时左右，4月30日星期一清晨，不到6点他就起了床。穿衣前，他招来负责地堡防卫的党卫队指挥官蒙克将军。俄国军队离总理府只有大约300码了，蒙克报告说。他的手下估计能再坚守24小时，不过马上就到了5月1日，在这个节日里，敌人肯定会发起最后的总攻。希特勒的私人

约瑟夫·戈培尔和他的妻子马格达、6个亲生子以及马格达与前夫的儿子哈拉尔德·匡特（穿空军制服者）的全家福。5月1日，希特勒自杀身亡一天后，戈培尔和马格达杀死他们的孩子后，也自寻了死路。匡特成了美军的战俘，幸存了下来。苏军在帝国总理府花园里发现了戈培尔烧焦的尸体。党卫队警卫缺少燃油，没法将他的尸体焚化干净。

机师鲍尔将军也走了进来。他说在雷希林长途飞行的一切事宜已准备妥当，随时可以将元首送往阿根廷或国外其他任何避难地。希特勒根本不把鲍尔的提议放在心上，只是将他视为珍宝的腓特烈大帝画像送给了鲍尔。

就在那天上午，元首后来又召开了例行的军情会。会后，他和厨子及两个秘书一起吃了一顿简单的午餐，菜式有通心粉和拌色拉。他身边的工作人员又被召集起来，再来一次临行道别。他和爱娃等逐一握手。"他嘴里嘀咕着什么，可我没听清，"容格后来说到，"我始终不知道他最后对我们说了些什么。"

下午3：30刚过，希特勒做了一个优雅的手势，便引着他的妻子走进了他们的私人套间。他们刚在书房的蓝白色天鹅绒沙发上坐下，就被人打断了。歇斯底里的马格达·戈培尔从站在紧闭的门外的五六个人中冲过去，闯进房间，发狂地要去打消希特勒的自杀意图。几分钟后，她哭着出来了。

希特勒和爱娃接着开始履行他们精心设计好的仪式。他们已经是万事俱备。希特勒有两瓶氰化钾和两把手枪，爱娃也有两瓶氰化钾和一把手枪。两人都把一支胶囊放入嘴里。希特勒将手枪枪口对准了右侧太阳穴。他在扣下扳机的同时咬碎了毒药。枪声一响，爱娃也咬碎了毒药。就这样，元首和他的新娘自行了断了这一生。这场元首一手制造的战争中千百万人死于非命，现在他俩也步了那千百万人的后尘。

1945 年 4 月 30 日红军向国会大厦发起冲锋。这座德国国会大楼被苏联的宣传家讽为"法西斯野兽的巢穴"，其实自从 1933 年希特勒为巩固他的纳粹独裁统治而制造了国会纵火案后，大楼内部早已被焚毁一空。

党卫队队员用一张灰色毯子将希特勒裹住，抬着他登上四节楼梯，来到总理府花园。他的妻子也被同样裹好，鲍曼将她扛上，希特勒的司机埃里齐·肯普卡却中途一把夺过，因为他知道爱娃讨厌元首的这个秘书。两具尸体被置于花园的一个浅坑里，尸体上浇了近 50 加仑的汽油，这汽油是用虹吸管从总理府车库的汽车里吸出来的。地堡出口上方有一个水泥屋檐，送葬的 9 个人就躲在屋檐下，以避开苏军炮火。有人朝尸体扔了一把火柴，但风将火苗吹灭了。最后，希特勒的仆人弗里茨·林格将纸扭成喇叭状，点燃了，交给鲍曼。鲍曼第一次扔得太近，但第二次正中目标，尸体上蹿出一道蓝色火焰。仿佛一声令下，送葬的人啪地立正，朝空中扬起右臂，最后一次致敬。

这把剑是1945年5月美军士兵在贝希特斯加登附近的戈林别墅的一个山洞里发现的大量艺术珍宝之一。戈林确实从欧洲各地的博物馆抢夺了大量珍宝，但这把剑却是1935年空军送给他的结婚礼物，可以装上金质剑柄佩在军服外套上。

不过他们没能执行希特勒的命令，彻底焚毁尸体。所以午夜刚过，当地堡里的人们为元首干杯，肆意抽着烟（元首不准吸烟）之时，三个士兵被派上了花园。他们就着附近士兵餐厅里美国爵士乐队那闹哄哄的音乐声，将一个弹坑加深，埋入希特勒夫妇烧焦的尸首残骸，然后垒成一个粗糙的坟墓。鲍曼和戈培尔并没有马上向他们的新领袖邓尼茨海军上将报告元首的死讯。他们想先发制人，让希姆莱来不及谈判或密谋，因为希姆莱此时正和邓尼茨一起在北方的普伦镇。他们还想和柏林的红军私下达成暂时停战协议，为鲍曼打开一条安全通道，好让他可以亲自去向新的国家领袖报告这个消息，在邓尼茨面前赢得一席之地。他们的特使汉斯·克雷布斯将军，这位代理总参谋长和前任驻莫斯科武官，于5月1日清晨穿过前线，向最近的苏联指挥官呈上希特勒的死讯和停战建议。

　　苏联人丝毫不肯让步，坚决要求立即无条件投降，于是当天下午戈培尔用无线电向邓尼茨报告了希特勒的真实情况和他继位的消息——这时事发已有 24 小时。晚上 9：30，汉堡电台伴着布鲁克纳的第 7 交响曲和瓦格纳的威严旋律，报道了元首的死讯。不到 1 小时后，邓尼茨亲自宣布，希特勒"冲锋陷阵"，英勇战死了。

　　这种做法富有戈培尔的气息，但是那位骗子大师已经追随他的元首投身火海了。戈培尔没有听从希特勒的指令，离开柏林，加入北方的新政府。通报邓尼茨大约 2 小时后，下午 5 点左右，他演出了早已计划好的最后一场戏。据说，最先是由地堡里的一个医生给戈培尔家的 6 个小孩注射了毒针；还有人说，是马格达自己用加了麻醉剂的巧克力将孩子哄睡，然后毒死了他们。几个

1945 年 5 月 9 日，在向苏联投降的仪式上，陆军元帅凯特尔（下图居右者）挑衅地举起手杖。德国这时已经向西方盟军投降了。

197

小时后，戈培尔匆匆戴上帽子、围巾，套上大衣、山羊皮手套，然后和马格达手拉手走进了花园。她咬下氰化钾，他往她脑后开了一枪，以防失手，然后吞下了自己那份毒药，又朝自己右太阳穴开了一枪。助手们用他们想方设法搜刮来的汽油点燃了尸体。

就在那天晚上，他们的尸体还在冒烟（烧残的尸体第二天就被俄国士兵发现了），马丁·鲍曼从地堡溜走了。这个手段老道的逃生者，毫无做悲剧英雄的胃口。他跟着党卫队队员及地堡的其他人，试图通过地下通道，溜出柏林，投奔邓尼茨。他和一个同伴，地堡的医生路德维希·施坦普夫格想办法躲过了一支苏军分遣队，这些苏联士兵把他们误认作掉队的人民护乡队队员，还递给他们香烟。但是后来，5月2日清早，地堡里溜出来的另一个人发现鲍曼和施坦普夫格躺在桥上，那桥架在地堡北去1英里左右的铁路上。他们无声无息地躺着，但不见明显伤痕。显然他们跑不出去，为免被俘，便服了毒。

就在5月2日那天上午，德国的新领导人卡尔·邓尼茨将他的司令部迁到丹麦边境旁的弗伦斯堡，以躲开英军飞速扑来的进攻势头——他对事态的转变仍感震惊。虽说邓尼茨对元首忠贞不贰，但在希特勒的高层随员中，他其实是唯一一个不藏任何政治野心的人。他以为希姆莱才是希特勒选中的接班人，就因为这个，也因为害怕党卫队，3天前当格莱姆和莱契携希特勒的口头命令飞来时，他不肯去逮捕那位党卫队全国领袖。

不管怎样，继位的荣耀早已不复存在。希特勒传给邓尼茨的是一堆废墟。一度统治欧洲，疆域扩至乌拉尔山脉的了不起的第三帝国此时却在生死边缘挣扎。一支大大萎缩、一败涂地的德国军队，大约300万士兵，所占地盘不过是丹麦、挪威、西捷克斯洛伐克、少数孤岛岗哨以及南斯拉夫、荷兰、奥地利和德国一些分散的孤地。将近一半的德军战士在东部战区，面对着苏联战车节节后退。

此时邓尼茨对元首的忠诚也出现了裂缝，他决定尽快结束战争。艾尔伯特·施佩尔也在一旁力劝他停战。早先他就建议希特勒任命邓尼茨为接班人，这时他北上

1945年5月23日希姆莱服下一个氰化钾胶囊，死于汉堡附近的一个英军审讯营里。英军动用催吐药和洗胃的方法也没能救回他的性命，便用军毯和伪装网包住他的尸体，用电话线捆上，然后埋入了一个没有标记的墓穴中。

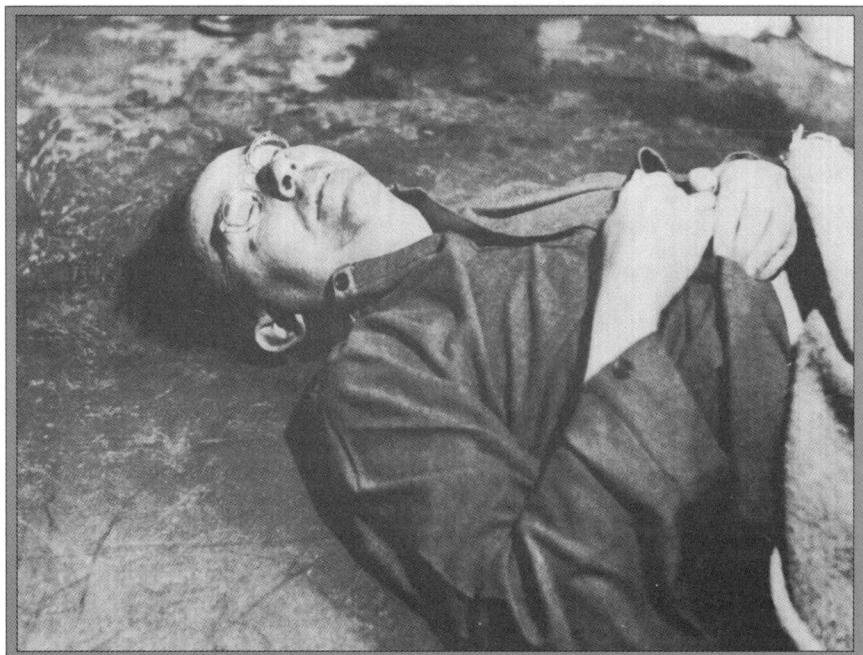

投奔邓尼茨,成为邓尼茨最亲近的顾问。但邓尼茨想将全面投降的日期往后推,因为,据他说,他想"让最大数量的德国人不落到苏联人手"。这意味着他们还要继续战斗或谈判一周甚至更长,以赢得时间,让士兵和难民逃离东部战区,跑到英美军队控制区。东、西两部战区都已有小股部队独自投降。驻意的德军已于 5 月 2 日中午投降。同一天,柏林眼下最高级别军官魏德林将军代表柏林正式向苏联投降。两天后,邓尼茨的私人代表同意欧洲西北部的部分德军向英军投降。

然而盟军一步紧似一步,要求他们彻底投降。具有讽刺意味的是,希特勒把军权和政权一齐交给邓尼茨,不但任命他为武装部队最高统帅,还让他当国家总统,这为无条件投降大开了方便之门。邓尼茨还在玩时间的把戏,派约德尔将军去法国兰斯的盟军最高司令部,命令他想尽一切办法推迟彻底投降的时间。当艾森豪威尔将军威胁说,要封锁英美阵线,将前来投降的德军拦在门外时,邓尼茨才软了下来,不再逆潮流而行。5 月 7 日早上 2:41,约德尔在文件上签下了大名,宣布所有德国军队在所有战区无条件投降。约德尔,这个准备誓死效忠希特勒的人,口气生硬地表扬了德国人民和军队所取得的成绩和他们的忍辱负重精神,还希望"战胜方能慷慨仁慈地对待他们"。为了平息苏联的怒火,5 月 8 日晚,在柏林旁的红军司令部里,又签署了第二份投降书。午夜时分投降生效了。

希特勒身边的亲密随从和第三帝国的军队指挥官一个接一个被盟军逮捕。戈林还在徒然寻找面见艾森豪威尔的机会。5 月 7 日，就在约德尔投降的那一天，戈林在奥地利边境被美军抓获。后来在纽伦堡，国际军事法庭宣判他犯有战争罪，他服毒自杀，逃过了绞刑。5 月 23 日，在弗伦斯堡，英军拘留了邓尼茨和施佩尔，两人后来均被判处长期监禁，而约德尔被处以死刑。

就在那一天，德国西北部一个英军审讯营的指挥官遇到一个"个子矮小，面带愁容，衣衫褴褛的人"。这个战俘是那天早上在不来梅附近一个英军哨卡被逮住的。他的左眼蒙着一块黑色眼罩，穿一身普通的德国士兵制服，随身携着的身份证表明他是战地秘密警察。当那位英国上尉满脸惊奇地打量着他时，这人走上前，摘下眼罩，戴上惯用的无边眼镜。他声音平静，简单地说了几个字："海因里希·希姆莱。"

原来，如此狼狈登场的，正是那位恐怖大王，有史以来规模最大、筹划最为精心的灭绝人类行动的指挥者。他代表了纳粹德国可怕的矛盾之处——日常的平庸表象下掩藏着极度的邪恶，这点在他身上体现得也许最为充分，甚至连希特勒也不及他。施佩尔为他下了一个令人难忘的断语：他无非就是"半个校长，半个疯子"。

此前 3 周时间里，希姆莱就在弗伦斯堡焦急地窜来窜去，带着他那 150 个人的随从队伍和大轿车的私人车队。他已从待选接班人的高座上跌了下来。他与贝纳多

特伯爵谈判失败，被元首抛弃，想在邓尼茨的新政府里
谋得一职，又不见容于邓尼茨，于是只得蒙上眼罩，刮
去胡子，带着几个助手和一些逃亡的宪兵徒步朝南走去。
他假扮成二等兵海因里希·希青格尔（真正的希青格尔
已被纳粹的人民法庭处死，这人民法庭是为迅速惩处叛
国者而在柏林设立的）。

　　现在希姆莱的身份暴露了，但他的确没有向英军情
报部门再泄露任何东西。那一晚，一个医生想检查他是
否藏着毒药，便转动他的头仔细察看，这时希姆莱咔嚓
一声咬紧了牙关。藏在他白齿间的氰化钾瓶碎了，这位
前党卫队全国领袖咽下了最后一口气。希姆莱的结局，
同他元首的一样，毫无英雄气概可言，根本谈不上瓦格
纳式的轰轰烈烈，只是偷偷摸摸地自杀了事。

　　就这样，经过 12 年零几个月，第三帝国灭亡了，
这比它的前元首预言的 1000 年可差得太远了。这以后
还要进行纽伦堡的审判和对逃过一劫的纳粹上层人物施
以正义的制裁，但种族灭绝和战争的漫长噩梦已经以悲
剧而告终。无法消逝的是累累伤痕，第三帝国的遗产还
要戕害几代人。希特勒及其门徒的事业虽然只经营了短
短十几年，却成了一座永远耸立的耻辱柱，它警示着世
人：人类曾是那么残忍。

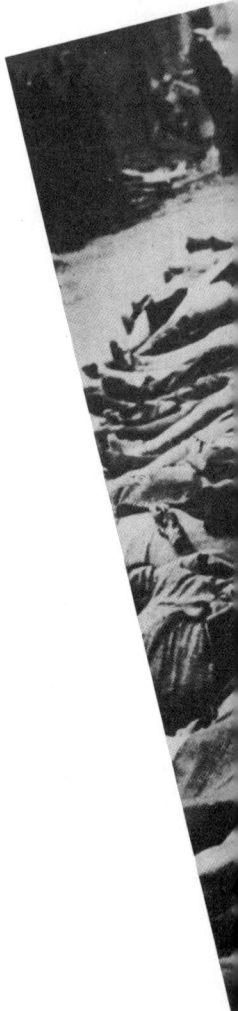

绝处求生的
柏林人

1945 年 4 月 16 日，就在盟军对柏林进行最后一次大规模空袭几天后，苏军大大减弱了攻打奥德河和尼斯河的炮火，那一地带的德国守军在兵力上早已落了下风，18 个俄国集团军开始在柏林西 50 英里处收拢包围圈。5 天后，柏林的中心地带第一次见识了敌军的大炮，城中剩下的 175 万居民——其中大部分是妇孺和儿童——这才发现自己竟置身于战场前线，而这战场已是朝不保夕。

"开始时一片静寂，"柏林某无名氏为苏军的这最后一战作了笔录，"这一晚静寂异常。"几个小时后，这个记录者被子弹的呼啸声和重型火炮的隆隆声惊醒。"街上已经开火。男人们大踏步地奔了过来：他们虎背熊腰，身穿皮上衣，脚踏高筒皮靴。"

柏林人则躲在地下掩体里。据这个记录者说，各界群众在"恐惧的墓穴里，在一片枪炮声中"努力寻求生机。食物严重匮乏。人们靠日益紧缩的政府配给和从地窖和废弃的屋子里偷来的东西为生。他们匆匆进出地下掩体，躲闪着炮火，从街上的消防水管里取来饮水。苏联大兵们则在随意享用德国妇女。成千上万、各种年龄的妇女被一次又一次地被强奸，而她们的丈夫还常常就在一边瑟瑟发抖。

5 月 2 日天刚破晓，柏林那些衣衫褴褛的守军开始投降，然而在投降之前，就因为希特勒丧心病狂、顽固不化，非要将首都"死守至最后一人、最后一颗子弹"，成千上万的平民百姓被逼上了绝路，死得毫无意义。柏林要塞之战结束了，但随后几个月，人们没有燃气、电、电话或公共交通，缺食少水，在生死边缘挣扎。到最后，柏林人几乎都学会了起死回生的本领。"我感到自己好似长出了蹼，能在泥潭里畅游无阻，"我们的记录者评论道，"仿佛我的组织结构已变得格外柔韧了一般。"

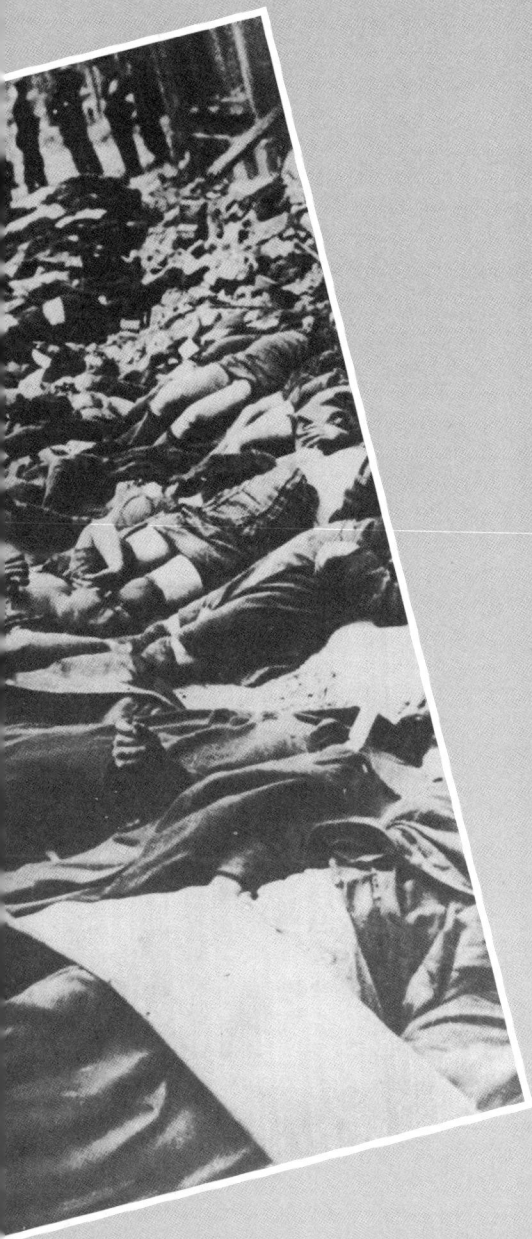

1945 年 2 月，盟军的一次空袭炸死了 2500 人，使 12 万人流离失所，柏林的一条街道变成了临时停尸场。

1945 年 4 月盟军空袭后，柏林人在一片狼藉的大街上艰难穿行。数周后，随红军进入该城的苏联战地记者对德国人的求生本领大感惊叹。"只要战斗一停，"他写到，"人们就从各自的洞中溜出来，又开始各自的生活。"

去留两难间

1945 年初，妇女儿童在柏林的一个铁路站台上挤成一团，急着逃离柏林。他们本来就害怕苏联人，德国政府又着重宣传，更是加重了他们的恐惧心理。

1945 年 4 月，盟军空袭后幸存下来的人步履蹒跚地各自返家。轰炸之后柏林城中尘土飞扬，地面能见度只有几百码。

在柏林商业区，人们纷纷挤上一辆卡车，这是出城的最后一种交通工具。1945年1月至4月中旬，有150余万人逃离了柏林。

弱不禁风的柏林要塞守军

在柏林一条大道旁的壕沟里，一个十九岁的希特勒青年团团员和一个人民冲锋队的中年士兵紧张地等着苏军到来。他俩都配有一支"铁拳"反坦克火箭筒，这种武器一次只能发射一炮。

在党卫队维京师的一辆半履带式装甲车旁躺着装甲步兵的尸体。1945年春，德军严重缺乏武器装备，一个视察柏林守军的将军称他们"完全无用，实在可笑"。

劫后新生

苏军占领柏林后，德国人一家家地拖着财物返回自己饱受战火摧残的家园。柏林人无论是逃出去的，还是留下来的，全都有一个炽热的心愿。"他们想活下去，"苏联报纸《真理报》报道，"就想活下去。"

被告（左）坐在审判大厅的被告席上接受审判，检控官罗伯特·H.杰克逊在讲台上（中），询问证人（顶上）。被告方从美国人同意并支付费用的一张待选名单中挑选了德国律师为自己辩护，辩护律师就坐在被告前面。

纽伦堡的审判

　　1945 年 11 月到 1946 年 10 月间，由刚刚问世的联合国的 19 个成员国签字同意，盟国对 5 个纳粹组织和 22 个纳粹头目进行了审判。一个战败国的首脑人物被一个各国公认的法庭起诉，这在历史上还是第一次。起先，对于这种诉讼是否有法律依据，还是有人大表怀疑的。然而，当阿道夫·希特勒政权罪恶滔天的如山铁证公之于世后，那些反对的声音也就沉默了下去。

　　德国的首脑们在纽伦堡面对的法庭由四国组成。在纳粹的辉煌往昔，纽伦堡曾是纳粹党召开年度大会的地方。在重兵把守的法庭里，被告及其辩护律师听取了检察官的指控：策划并发动侵略战争，侵害战犯，犯下了前所未有的"反人道罪"。被告方该如何为自己辩护呢？美国的检控官杰克逊规定："凡犯下罪行者，不得以上级命令为借口，也不能以所犯罪行是国家行为的说法来逃避指控。"

　　这简直像一场梦，军备部长施佩尔说。

　　他坐在阴湿的牢房里，亲眼看到从前身着华丽制服、一度"庞大无比"的人，此时萎靡不振，"极度衰弱"。德国驻波兰占领区总督汉斯·弗兰克在审判前几周改宗，皈依了天主教。最高统帅部作战指挥部部长约德尔将军，整日都在回想昔日的战斗情景。"老实告诉我，"外交部部长冯·里宾特洛甫下笔自问，"我们中有谁像杀人犯吗？"因希特勒、希姆莱和戈培尔自杀身亡，戈林就当仁不让地成了这一群人的首领，他决定和大家联手辩护。但这个联盟很快便出现了裂痕。陆军元帅凯特尔对于自己被当作政客起诉大为愤怒。银行家亚尔马·沙赫特骂戈林无知无识。反犹主义出版商和色情小说家尤利乌斯·施特莱彻则被大家摒弃出局。

　　日复一日，盟国的检控官不断呈上秘密文件，证明被告难逃罪责。当法庭放出集中营受害者的影片时，宣传官汉斯·弗里茨彻在坐椅里缩成一团，战时劳工全权总办弗里茨·绍克尔瑟瑟发抖，国家银行总裁沃尔特·丰克泪流满面。这次审判以 30 万份口供和 1000 万书面文字留下了不可磨灭的印记。"千百年后，"弗兰克说，"德国做下的这个罪孽依然会清楚可鉴。"其他人却没有这么动感情。"50 年、60 年后，"戈林预言，"德国遍地都会竖起赫尔曼·戈林的塑像。"

美军警卫日夜不停地看守着关押被告的6×12英尺大的囚室，囚室的唯一光源就是室外墙上的壁灯。有一个德国将军，被控几项罪名，在候审期间，跳楼自尽。这以后，楼上就蒙上了一层铁丝网。

与世隔绝的
日日夜夜

纽伦堡的被告能得到的物质享受几近于无。如果他们面壁而睡或双手放进毯子里，监狱看守就会用棍子去戳他们。德国劳工阵线头目罗伯特·莱伊用一条毛巾、椅子及所有随身物品自缢而亡。他死后，甚至连犯人的眼镜在夜间也要没收上去。光秃秃的牢房里桌子质地轻薄，如果被告站上去，桌子就会塌掉。

犯人大部分时间都被隔离拘禁，就算在每日30分钟的操场散步时间里也不准交谈。审判一开始，他们在审判大厅上层几个小房间里进午餐时便可以互致问候了。审判初期，戈林自奉为午餐桌上的领袖。为了不让这位帝国元帅大施领袖魅力，狱吏最后把囚犯们分为6个伙食团，而戈林则单独进餐。

弗里茨彻、沙赫特和外交界的政客冯·巴本（从左至右）身着上庭的服装在吃饭，饭的分量很少。囚犯每日的卡路里吸收量限定为1800。

戈林与施塔默，一位来自基尔、受人尊敬的律师商谈辩护词。经过5个月的准备，这位帝国元帅的体重减轻了60磅，他还被迫戒掉了每日服40粒止痛药丸的药瘾。

215

被告席上的
忏悔和不屑

戈林和施佩尔所采取的辩护策略简直有云泥之别。被法庭定性为"主谋"的戈林，一心一意为自己开脱，精力十足地吹嘘自己在纳粹夺权过程中立下的汗马功劳，其言论举世为之震惊。他将创建冲锋队、降低失业率、复兴德国和吞并奥地利的功劳都归于自己名下。他声称，纳粹所犯的暴行，他也好，元首也好，都不可能一一了解。一起受审的被告对戈林的伶牙俐齿印象深刻。"那正是早年的戈林。"巴本评论说。

而施佩尔则形成了鲜明的对比。照维也纳出生的美国法庭心理学家古斯塔夫·吉尔伯特中尉的说法，在他身上体现出的"一个纳粹分子的内疚之情，比任何人都要真诚，也更含蓄"。施佩尔不但承认他企图谋杀希特勒，也完全承认他强迫外国劳工去维持德国的战争机器，这一点让一同受审的被告大为吃惊。他鼓动说，家国被毁，德国人民应该谴责的是希特勒，而不是盟军。"即使是在一个专制体系里，身居首位者也都应该共同承担责任，"施佩尔宣称，"败军亡国之后，他们是绝不可能逃避这一共同责任的。"

施佩尔在认真倾听审判过程。一个英国检控官称他是"被告里最有人格魅力的人"。

　　戈林坐在证人席上，对法庭怒目而视。这位帝国元帅出庭作证时，大家全盼望审判会打掉他不可一世的气焰。然而，他却不停地纠正事实错误，批评翻译质量，反而令检控方大为尴尬。

心理学家吉尔伯特（双手叉腰者）向辩护律师解释，鲁道夫·赫斯患健忘症，不能为自己作证。赫斯神色漠然地一旁倾听。在另外几次庭审中，赫斯则表现出一副内心极度痛苦的模样（见小图）。

气短势倒
摇尾乞怜

在被告人当中要数希特勒的外交部部长里宾特洛甫和赫斯在法庭上的表现最为可怜了。赫斯一度是元首的副手，1941年5月他单独驾机飞到苏格兰，自称是来和谈的，这一举动震惊了世界。从那时起，英军一直将他收押在监。

"我的记忆又连贯了。"赫斯这么一说，法庭里举座皆惊。他声称自己的健忘症是装出来的，但精神病专家只认定他患了精神病。在受审的大多数时间时，赫斯都抱怨他的食物被下了毒，他不记得自己的生日。但是，在罗夏墨迹测试中，他却回忆起了他所称的"血腥思想"。当法庭拒绝接受他因病撤销指控的辩护提议后，赫斯在剩下的审判期间都木然呆坐，身旁总带着一本书，却从未见他翻过这书。

而从前爱装腔作势的里宾特洛甫却又是另一番表现。他在法庭上扮出一副奴颜婢膝的样子，哭诉着自己的无辜。然而，他虽情随事迁了，对死去元首的仰慕之情却丝毫不见消减。"如果希特勒这会儿来到我的牢房，对我说：'干吧！'我还是会干的。"他承认。

心烦意乱的里宾特洛甫倚在栏杆上，身子躬着，一脸苍白。吉尔伯特说，在大部分受审时间里，里宾特洛甫都在为第三帝国的对外政策辩护，他将他的满心焦虑掩藏在"大量备忘录和安眠药中"。

219

行刑官约翰·伍兹军士长来纽伦堡之前，在他15年的职业生涯中绞死了347人。"我绞死了这10个纳粹分子，"他后来说，"我引以为荣。"

清算希特勒的亲信

1946年9月30日，审判庭宣布了判决。判处绞刑的有戈林、里宾特洛甫、施特莱彻、绍克尔、弗兰克、约德尔、凯特尔、内政部长威廉·弗里克、德国中央保安局局长恩斯特·卡尔登勃鲁纳、纳粹党理论家、战时东方占领区事务部长阿尔弗雷德·罗森堡、德驻荷兰占领区总督赛斯－英夸特和缺席的马丁·鲍曼。赫斯和海军总司令雷德尔海军元帅被判处无期徒刑；施佩尔和希特勒青年团首领冯·席拉赫被判20年徒刑；德国驻波希米亚和摩

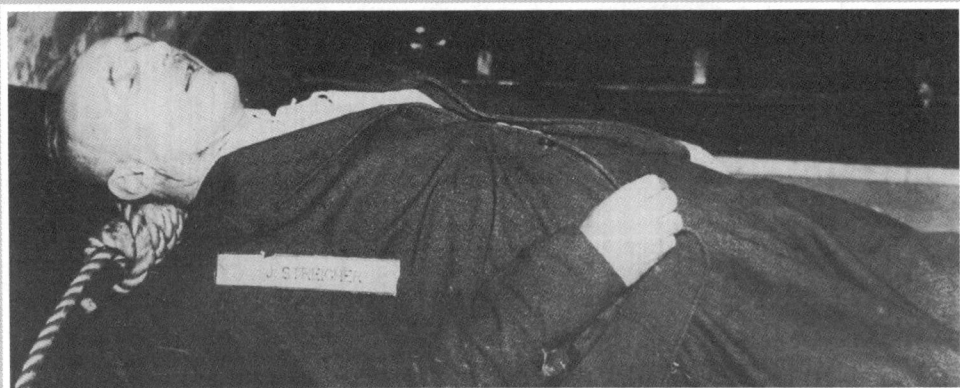

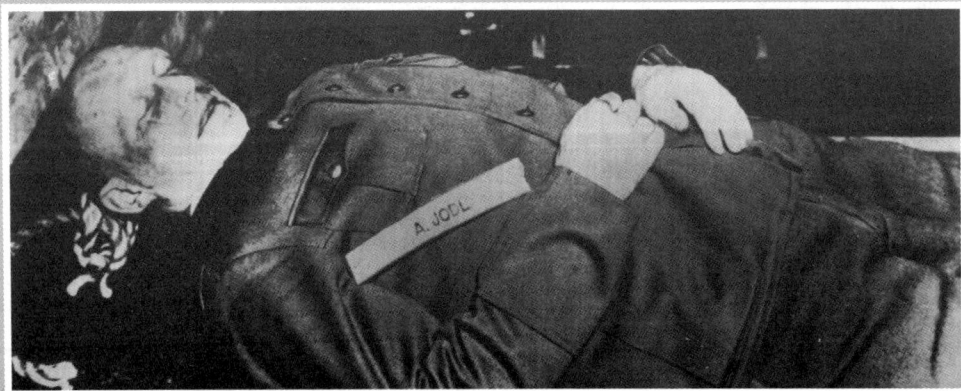

拉维亚保护长官冯·牛赖特被判15年徒刑；德国潜艇部队创建者、希特勒的政治继承人邓尼茨海军元帅被判处10年徒刑。巴本、沙赫特和弗里茨彻无罪释放。

绞刑于1945年10月16日黎明前开始。里宾特洛甫是第一个受刑的死刑犯。约德尔愤怒地提出，他和凯特尔由传统的军队行刑队枪决，但法庭拒绝了这一要求。当施特莱彻登上绞刑台时，他朝美国的绞刑吏吐了一口唾沫，告诉他："总有一天，布尔什维克会来绞死你的！"他临终前的最后一句话是："希特勒万岁！"

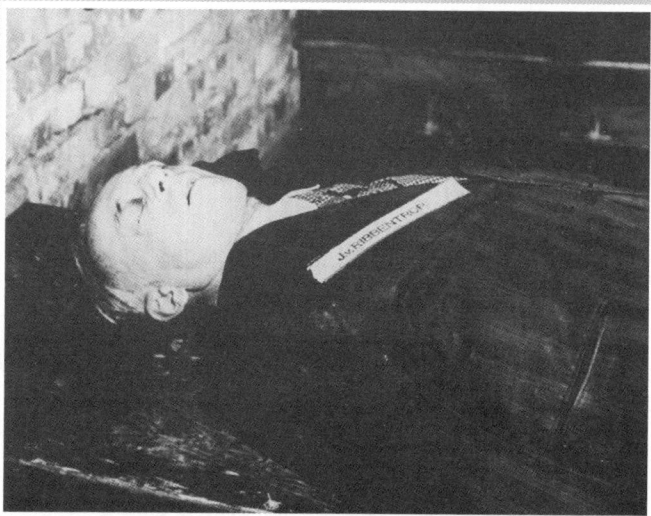

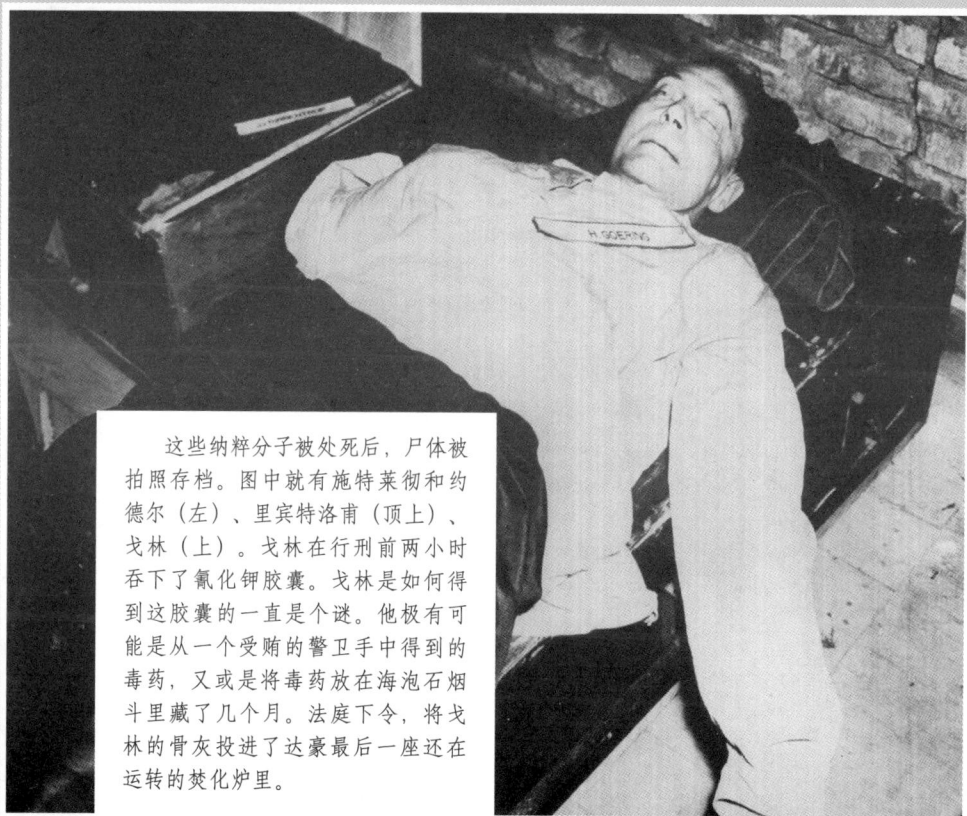

这些纳粹分子被处死后，尸体被拍照存档。图中就有施特莱彻和约德尔（左）、里宾特洛甫（顶上）、戈林（上）。戈林在行刑前两小时吞下了氰化钾胶囊。戈林是如何得到这胶囊一直是个谜。他极有可能是从一个受贿的警卫手中得到的毒药，又或是将毒药放在海泡石烟斗里藏了几个月。法庭下令，将戈林的骨灰投进了达豪最后一座还在运转的焚化炉里。

图书在版编目 (CIP) 数据

噩梦沉沦 / 美国时代生活编辑部编；戴茵译 . ——
修订本 . —— 海口：海南出版社，2015.1（2022.7 重印）
（第三帝国）

书名原文：The third reich:Descent into

ISBN 978-7-5443-5797-5

Ⅰ . ①噩… Ⅱ . ①美… ②戴… Ⅲ . ①德意志第三帝
国 – 史料 Ⅳ . ① K516.440.6

中国版本图书馆 CIP 数据核字 (2014) 第 271547 号

第三帝国：噩梦沉沦（修订本）
DISAN DIGUO: EMENG CHENLUN (XIUDING BEN)

作　　者：美国时代生活编辑部
译　　者：戴　茵
选题策划：李继勇
责任编辑：张　雪
责任印制：杨　程
印刷装订：北京兰星球彩色印刷有限公司
读者服务：唐雪飞
出版发行：海南出版社
总社地址：海口市金盘开发区建设三横路 2 号
邮　　编：570216
北京地址：北京市朝阳区黄厂路 3 号院 7 号楼 102 室
电　　话：0898–66812392　010–87336670
电子邮箱：hnbook@263.net
经　　销：全国新华书店经销
版　　次：2015 年 1 月第 1 版
印　　次：2022 年 7 月第 2 次印刷
开　　本：787 mm × 1092 mm　　1/16
印　　张：14
字　　数：180 千
书　　号：ISBN 978-7-5443-5797-5
定　　价：45.00 元